**50이후
시작하는
러닝의 모든 것**

TEINEN RUNNING
ZERO KARA HAJIMERU 50DAI KARA 70DAI NO TAME NO RUNNING KYOKASHO
© 2024 Nakano James Shuichi 2024
All rights reserved.
Originally published in Japan in 2024 by TOKUMA SHOTEN PUBLISHING CO., LTD., Tokyo.
Korean translation rights arranged with TOKUMA SHOTEN PUBLISHING CO., LTD. through
The English Agency (Japan) Ltd and Duran Kim Agency Co. Ltd (Korea).

이 책의 한국어판 저작권은 Duran Kim Agency를 통해
TOKUMA SHOTEN PUBLISHING CO., LTD., Tokyo와의 독점계약으로
(주)도서출판 길벗에 있습니다.
저작권법에 의해 한국 내에서 보호를 받는 저작물이므로
무단전재와 무단복제를 금합니다.

50 이후 시작하는 러닝의 모든 것

나카노 제임스 슈이치 | 이토 다케히코 지음
김소희 옮김

머리말

    정년까지는 시간이 남았어도 50대 중반이 되니 회사 생활도 차츰 일단락되었다. 직책을 내려놓으면서 위아래에서 느껴지는 부담감에서 벗어났지만 급여는 줄어들고 나이 어린 상사도 생길 것 같다. 집안에서는 부모님 병간호가 시작되면서 마냥 좋은 일만 있는 건 아니다. 그럴수록 업무 대신 보람을 느낄 수 있는 취미를 찾아야 것 같다.

    신발장 구석에서 오래전 신던 낡은 조깅화를 발견했다. 직장 근처를 달리던 것이 30대였던가. 아직 건강에 자신은 있지만 제대로 된 운동을 하지 않은 지 아주 오래되었다. 요 몇 년간 건강검진에서도 재검사가 필요하다는 판정이 간간이 나오고 있다.

다시 달려볼까 싶지만 과연 달릴 수 있을까. 기왕 달린다면 느긋하고 천천히만 달리는 조깅에 그치지 않고 목표를 정해 나를 자극할 수 있는 러닝을 하고 싶은데.

하지만 무엇을 목표로 해야 할까? 또 페이스는 어느 정도로 유지해야 할까?

워밍업 시작하며

50대를 맞이하기에 앞서 업무 외에 사는 보람을 찾는 것이 '인생 후반전을 사는 비법'이라고들 합니다. '노후'가 점점 길어지는 오늘날에는 두말하면 잔소리죠.

정년퇴직 나이가 65세인 기업도 많아졌고 정부는 70세[*]까지 근무할 것을 권하고 있습니다. 동시에 '고령자'의 개념을 재검토하면서 연령에 관련된 숙제를 안고 지내는 세월이 쇼와[**]

---

[*] 일본 기준(2021년부터 시행).
한국 정년은 60세 이상이며 65세로 늘려야 한다는 법안은 아직 논의 중인 상태(참고: 법제처〉 고령자 고용〉 사업자 의무〉 고령자 고용 의무 등〉 정년제도).

[**] 20세기 일본의 연호의 하나로, 1926년 12월 25일부터 1989년 1월 7일까지.

나 헤이세이* 시대보다도 확실히 늘고 있습니다.

그렇습니다. 인생의 길은 아직 많이 남아 있습니다. 직장 생활의 전환점이기도 한 50대와 그 이후를 어떻게 하면 몸도 마음도 건강히 보낼 수 있을까요. 이런 질문에 대한 관심이 커지면서 앞으로는 건강 수명의 의미가 한층 주목받겠죠.

이런 이유로 50대부터 60대 중반의 '정년 전후' 세대에서 몸도 마음도 건강한 삶을 살고자 러닝을 시작하는 분 혹은 시작해볼까 고민하는 분이 아주 많아졌습니다. 자기 체력에 맞게 얼마나, 언제까지 달릴 수 있을지 궁금해하는 분도 있을 겁니다. 러닝은 별다른 기술이나 기구 없이 가볍게 시작할 수 있고, 오래도록 지속할 수 있는 스포츠입니다. 시간이나 장소를 가리지 않고 나이나 성별과도 무관하죠. 다이어트나 건강관리에 도움이 되는 운동의 대명사이기도 합니다.

자신의 건강을 살핀 후 여러 선택지 중 러닝을 고르는 것은 매우 좋은 방법입니다. 서점에는 러닝 서적이 넘쳐나고 중년 러너를 위한 책도 적지 않습니다. 그런 가운데 직장 생활이 일단락되는 50대 중반부터 65세 이후의 시니어 세대를 대상으로, 달리기를 처음 하거나 오랜만에 하는 분들께 길라잡이가 되기를 바

---

* 1989년 1월 8일부터 2019년 4월 30일까지.

라며 이 책을 기획했습니다.

 풀코스 마라톤을 뛰거나 개인 기록 경신을 목표로 하는 러너들에게도 참고가 되겠으나 이 책은 **습관처럼 즐겁게 편런* 하는 러너가 오래오래 건강하게 달리려면 어떻게 해야 좋은가에 중점을 두었습니다.**

지금껏 러닝에 대한 책을 여러 권 냈지만, 이번에는 신문사에게 정년퇴직하기 몇 년 전부터 러닝을 해온 논픽션 작가 이토 다케히코 씨가 직접 겪거나 주변 사람에게 들은 바를 바탕으로, 시니어 세대가 러닝을 하며 궁금해할 만한 구체적인 의문이나 질문을 던지면 제가 답하는 식으로 구성했습니다.

 실제로 제가 퍼스널 트레이닝을 맡고 있는 50~70대분들의 몸과 마음에 최대한 가까이 다가가고 싶다는 생각으로 이 책을 집필했습니다. 또 러너에게 오래도록 달리는 데 도움이 되는 방법이나 소신에 관련된 설문조사를 실시하며 용기와 배움도 얻었습니다. 이렇게 글을 쓰고 있는 저 역시 50대의 문턱을 넘어 운동 계획을 재점검하고 제 직업의 미래를 고민해야 하는 길목에 접어들었기 때문입니다.

 오래오래 안전하게 건강을 유지하도록 돕는 이 입문서가 인생이라

---

* fun run, 기록 등에 연연하지 않고 말 그대로 즐겁게 달리는 것.

는 마라톤을 기분 좋게 이어나갈 원동력이 되어주기를 기원합니다.

나카노 제임스 슈이치

차례

머리말 • 4
워밍업 시작하며 • 6

1장 대담 50대 이후를 어떻게 달려나갈까 • 17

2장 다시 알고 싶은 러닝의 장점 • 41

Q01 러닝을 하면 효과적으로 체중을 줄일 수 있는 이유가 무엇인가요? • **42**

Q02 러닝으로 규칙적인 생활 리듬을 조절할 수 있는 이유는 무엇인가요? • **46**

Q03 러닝이 분노를 억제하고 인지 장애도 예방한다는데, 정말일까요? • **50**

Q04 러닝은 디지털 디톡스에 좋다고 하던데 어떤 효과 때문인가요? • **53**

Q05 꾸준한 달리기로 요통이 사라졌다는 친구가 있는데, 어떤 원리인가요? • **56**

Q06 예순이 넘으니 동년배 모임에서 질병이 화제에 오릅니다. 러닝이 혈당치나 혈압을 낮추기도 하나요? • **59**

Q07 매일 꾸준히 러닝을 하면 적당한 피로로 자신도 모르게 잠이 들어 수면의 질을 높일 수 있을까요? • **62**

Q08 러닝을 하면 집중력이 높아지고 여러 과제를 정리할 수 있어 일이 척척 진행되는 느낌인데, 그 이유는 무엇인가요? • **64**

Q09 러닝으로 자신감이 붙으면 외모도 젊어진다고 하는데, 정말일까요? • **66**

Q10 러닝을 계속하면 밥맛이 나서 오히려 칼로리 과잉이 되지 않을까요? • **68**

3장 달리기 전에 꼭 해두어야 할 준비 · 71

- **Q11** 몇십 년 동안 운동과 담쌓고 살다가 갑자기 달리기를 해도 될까요. 준비운동이 필요한가요? · **72**
- **Q12** 준비 기간에 꾸준히 할 운동을 나이별로 정리해서 알려주세요. · **78**
- **Q13** 50대 이상이 근육량이 늘고 있는지 알려면 어떻게 해야 좋을까요? · **84**
- **Q14** 예전보다 술도 줄였는데, 근력 운동과 함께 식생활도 개선하는 편이 좋을까요? · **86**
- **Q15** 새벽에 잠이 깨곤 해 수면의 질이 떨어지는 것 같은 느낌입니다. 수면은 운동에 중요한가요? · **89**

4장 러닝을 습관으로 만들려면 · 91

- **Q16** 처음 달릴 때는 시간을 얼마나 들이면 좋을까요? 또 휴식을 취하는 법은요? · **92**
- **Q17** 1회당 주행거리는 어떻게 정하면 좋을까요. 10km를 목표로 삼는 것이 좋은가요? · **95**
- **Q18** 전문점에 가면 운동용품이 많아서 선택하기 힘듭니다. 좋은 옷과 신발 고르는 법이 있나요? · **97**
- **Q19** 마라톤이나 역전 경주 중계를 보면 자세도 가지각색입니다. 올바른 자세는 무엇인가요? · **100**
- **Q20** 러닝은 무릎이나 관절의 통증을 일으키기 쉽다고 하던데, 통증 구분법이나 신호는 무엇인가요? · **103**

Q21 여름 무렵에는 수영장에 다니고 있습니다. 러닝과 수영을 같이 해도 될까요? • 105

Q22 러닝 전후로 몸을 풀거나 덥히는 스트레칭은 필요 없나요? • 107

5장 더 나아가 일상으로 만들려면 • 109

Q23 월간 200km가 기준이라고 하던데, 달리기를 일상화하려면 얼마만큼의 시간과 거리로 달리면 좋을까요? • 110

Q24 통증이나 불편감이 있을 때 냉찜질하는 법과 관절을 지탱하는 보호대 사용법을 알려주세요. • 113

Q25 거리와 시간을 내기 위한 올바른 자세를 알려주세요. 신경 쓰지 않아도 된다고 하셨는데, 막상 달리려고 하니 자꾸만 마음에 걸려서요. • 116

Q26 목표를 잡고 달린다든가 좋아하는 장소를 결승점으로 삼는다든가, 오래도록 달리기 위한 코스 선정 요령이 있나요? • 118

Q27 달리기는 아침과 밤, 언제 하는 게 좋나요? 또 밥 먹기 전과 후 중에는 언제가 좋은가요? • 121

Q28 달리기 전, 도중, 종료 후 중 언제 수분을 보충하는 것이 가장 좋은가요? • 124

Q29 봄에서 여름은 제법 땀을 흘리며 달리게 되는데, 열사병을 예방하려면 어떤 점을 유의해야 할까요? • 128

Q30 예전부터 친구나 가족에게 "A형이구나"라는 말을 자주 듣습니다. 아직 체력에는 자신이 있다고 해도 지나치게 열심히 하는 저에게 맞는 목표 설정법이 있을까요? • 131

6장 하루라도 오래 달리는 비결 • 133

Q31 '오늘은 속도를 내보자', '오늘은 천천히 오래 달리자' 등 매일매일의 목표가 필요한가요? • 134

Q32 단순히 거리나 속도를 재는 일뿐만 아니라 심박수도 운동 효과와 큰 연관이 있다고 들었어요. 스마트 워치를 효과적으로 사용하는 방법은 무엇인가요? • 136

Q33 아는 러너가 통굽 신발을 신고 서브 4를 달성했다고 하더군요. 통굽 신발이 필요한가요? • 140

Q34 새벽 러닝과 야간 러닝 시 주의 사항이 있나요? • 143

Q35 달린 뒤 목욕과 맥주가 낙입니다. 러닝 후 입욕은 몸에도 좋다고 들었는데, 정말인가요? • 146

Q36 달리기 전 워밍업과 달린 후 스트레칭은 꼭 해야 하나요? • 148

Q37 나이를 먹으니 특히 격한 운동을 한 후 입맛이 없을 때가 많습니다. 오래 달리기 위한 식사는 무엇일까요? • 151

Q38 기준인 10km를 달릴 수 있게 되었습니다. 그럼, 이제부터는 거리가 중요한가요, 속도가 중요한가요? 다음 목표를 어떻게 세우죠? • 156

Q39 목표 설정은 이해했습니다. 오래 건강히 달리는 비결이 또 있나요? • 161

7장 기록이나 레이스에 도전하고 싶어졌다면 · 163

- **Q40** 10km를 달릴 수 있게 되니 더 높은 목표에 도전하고 싶어 다음은 하프 마라톤에 나갈까 하는데, 어려울까요? · **164**
- **Q41** 하프 마라톤 대회를 몇 번 경험하고 이번에는 꿈꾸던 풀코스 마라톤에 도전하려 합니다. 레이스 선택 시 포인트는 무엇인가요? · **166**
- **Q42** 첫 레이스는 기대되면서 불안하기도 합니다. 첫 레이스를 무사히 마치는 좋은 방법이 무엇일까요? · **168**
- **Q43** 내일이면 첫 풀코스 마라톤 대회에 나가게 됩니다. 레이스 전날이나 전야는 어떻게 보내면 좋을까요? · **170**
- **Q44** 앱으로 지인과 소통하며 기록이나 데이터를 공유하는 사람이 많은 듯합니다. 효과적인 앱 사용법은 무엇인가요? · **172**
- **Q45** 100km를 완주하는 것은 힘들 듯하나 도전 정신을 자극합니다. 울트라 마라톤은 시니어에게는 무리일까요? · **175**

8장 대담 건강하게 더 오래 달리고 싶은 플러스 알파의 방법 · 177

- **Q46** 무슨 생각을 하면서 러닝하는 것이 좋을까? · **179**
- **Q47** 러닝할 때 무엇을 듣는 것이 좋을까? · **183**
- **Q48** 러닝 동호회나 친구하고 러닝 하는 것이 좋을까? · **186**
- **Q49** 앱 계획에 따라 러닝하는 것이 좋을까? · **189**
- **Q50** 울퉁불퉁하거나 모르는 길을 러닝하는 것은 좋을까? · **191**

Q51 여행지에서 러닝하는 것이 좋을까? • 193

Q52 몇 살까지 러닝 할 수 있을까? • 199

9장 오래도록 계속하기 위한 스트레칭 • 203

Q53 러닝 후 관리에 좋은 효과적인 스트레칭이 있나요? • 204

쿨다운 마치며 • 216

1장

대담

50대 이후를 어떻게 달려나갈까

나카노 제임스 슈이치 × 이토 다케히코

생활 속에
새 축을 세운다

이토 다케히코(이하 이토) 나카노 씨는 수많은 스포츠 선수에게 퍼포먼스 향상과 부상 없는 몸만들기를 지도하는 피지컬 트레이너의 일인자입니다. 아울러 일반인 대상의 퍼스널 트레이닝도 많이 하고 있는데, 50대나 시니어 세대(세계보건기구 기준은 65세 이상)분들과도 자주 만나시나요?

나카노 제임스 슈이치(이하 나카노) 이른바 직책 정년을 맞이한 50대, 직장에서 은퇴하거나 은퇴를 앞둔 60대분도 있고, 걷기에서 러닝으로 가는 과정을 경험한 분들 중에는 80대도 있습니다.

이토 걷기나 러닝은 굳건한 인기를 자랑하는군요. 1년에 1회 이상 러닝을 경험한 일본인은 코로나를 맞닥뜨린 2020년에 1,000만 명을 넘었다는 조사가 있습니다. 최신 데이터는 2022년으로, 2020년 절정을 맞았을 때보다는 줄었을지라도 877만 명이나 됩니다.[1] 일주일에 1회 이상 습관적으로 달리는 러너는 2012년 이후 거의 줄지 않고 일정한 수를 유지했어요.

나카노 한시적이고 폭발적인 러닝 열풍은 지나간 것 같지만 거꾸로 말하면 사람들에게 특별한 것이 아닌 친숙한 스포츠가 되었다는 의미일 겁니다.

제 고객 중에도 몸만들기의 첫걸음으로 걷기에서 러닝으로 옮겨 가는 프로세스를 거치는 분이 많은데, 처음에는 힘들겠다 싶어 곤혹스러워하다가도 그 매력에 푹 빠지는 사람이 많습니다.

이토 러닝은 품과 비용이 들지 않는 운동이기에 자신이 운동 부족이라고 느끼고 부담 없이 시작하는 사례도 많은 것 같습니다. 저도 그렇지만 50~60대에 달리기를 시작하는 분도 적잖을 듯한데, 어떤가요?

나카노 시니어 세대와 준시니어 세대라고 할 수 있을 55세 이상인 분들을 보며 요즘 느끼는 바가 있습니다. 인생을 살아갈 때 충실감을 얻거나 버팀목이 되는 것을 '축'이라고 한다면, 그것을 줄곧 직장 생활에서 키워온 분들에게 정년퇴직은 축 하나를 잃는 것을 의미합니다. 직업이라는 중심축의 곁가지에 있는 가족이나 취미 같은 사생활에서 충족감을 얻는다고 해도, 중심축이 사라지거나 가늘어지면서 사는 기쁨을 잃고 불안을 느끼는 것은 어쩔 수 없는 일일 겁니다.

일을 통해 얻은 충실감과 만족감으로 도파민이 나오게 하는 체험을 이어가고 싶어 하는 것은 인간의 본능입니다. 회사 직책에서 물러나거나 퇴직한 경우, 업무와는 다른 일로 그 욕구를 채우려 하는 것은 당연한 행동이라고 봅니다.

이토 몇몇 기업에는 관리직에서 물러나는 직책 정년이라는 제도가 있는데, 나이는 각자 다르지만 55세로 정해진 회사가 많은 듯합니다. 관리직 정년이 결정되면 급여도 낮아지고 나이 어린 상사 밑에서 일해야 하는 경우도 생기죠. 지금 말씀한 충실감 대신 여태껏 느끼지 못했던 스트레스가 쌓이기 십상입니다.

나카노 그럴 때 지금껏 해온 취미에 한층 깊이 마음을 쏟으면 좋습니다. 예를 들어 영화나 드라마 애호가라면 새삼 외국 드라마에 빠진다거나 그동안 볼 짬이 나지 않아 미뤄두었던 장편영화를 찬찬히 봐도 좋습니다. 아니면 완전히 미지의 세계에 발을 담그는 것도 좋겠죠.

그 가운데, 건강관리라는 측면에서 이미지가 좋고 비교적 가볍게 시작할 수 있는 러닝이 하나의 선택이 될 수 있지 않을까요.

2주 만에 성과가 눈에 보인다

이토 이 책은 러닝을 선택한 분이 어떻게 하면 건강하고 안전하게 첫발을 디딜지, 또 이미 꾸준히 달리고 있는 분들이 앞으로 어떤 식으로 달리기를 지속할지를 테마로 삼습니다. 코로나를 계기로 본격적으로 달리기 시작한 '올드 루키'인 저와 비슷한 처지에 있는 러너들이 평소에 느끼는 의문을 나카노 씨에게 묻고자 합니다.

우선 러닝을 선택하는 것이 정답일까요?

나카노 성취감과 충실감을 비교적 쉽게 느낄 수 있다는 점에서 정답입니다. 예를 들어 근력 운동과 비교해볼까요. 살을 빼

몸을 날렵하게 만들겠다는 목표를 세우고 보기 좋게 갈라진 근육을 붙여 거울을 보면 만족스럽고 쾌감이 느껴지겠죠.

하지만 50대나 60대에 20대와 같은 성과를 내는 것은 저희 전문 트레이너가 함께하더라도 만만찮은 일입니다. 열과 성을 다해 노력을 거듭한다고 해도 당연히 일정 시간이 걸립니다. 그에 비해 러닝은 풀코스 마라톤을 일정한 속도로 달리는 것같이 높은 목표라면 힘들지 몰라도, 각자 레벨에 맞는 결실과 만족도를 손에 넣기에는 좋은 운동이라 할 수 있습니다.

목표를 정하지 않아도 그저 순수하게 달린다는 행위만으로 금세 기분이 상쾌해지고 충만해진다는 사실은 조금이라도 달려본 사람이라면 단번에 알 수 있을 겁니다.

이토 저도 50대 후반부터 달렸는데, 그때까지 내내 따라다니던 요통이 거짓말처럼 사라졌습니다. 원래 아침형 인간이기도 하지만 새벽에 달리면 기분이 좋고, 업무 아이디어가 샘솟는 데다 입맛도 돌아서 생활에 활력이 생겼어요.

나카노 러닝이 가져다주는 신체적인 효과에는 크게 세 가지가 있습니다. 우선 근육량이 늘고 다음으로 체지방이 줄어듭니다. 더불어 심폐 지구력이 향상되죠. 근육이 붙고 체지방이 줄어드는 효과가 나타나려면 적어도 3개월 이상 걸리는 데 반해 심폐 지구력은 2주만 꾸준히 달려도 서서히 개선됩니다. 덕분에 처음에는 고작 2km도 뛰기 힘들지만 2주 후에는 거뜬히 달리게 되죠. 이처럼 빠른 시간에 효과를 실감할 수 있는 것이 러닝입니다.

제 퍼스널 트레이닝 고객 중에 이런 여성분이 있어요. 배우자가 트라이애슬론에 나갈 만큼 운동을 좋아하는데, 오랫동안 이 여성분은 '돈 주고 저 고생을 사서 하다니, 대체 무슨 기분일까' 하고 도무지 이해하지 못했다고 해요. 그러다 50대 중반에 들어선 어느 날, 러닝을 할 기회가 생겼는데, 막상 1km도 뛰지 못하자 꽤 큰 충격을 받았죠. 오기가 치밀어 달리기 시작했더니 머지않아 그렇게 힘들었던 1km가 버겁지 않게 되었습니다. 그때부터 달리기에 재미를 붙였고 거리도 2km, 3km로 늘려갔다고 합니다.

그 타이밍에 "아침에 달리면 기분 좋아"라는 배우자의 말을 듣고 봄날 이른 아침에 달려보았습니다. 원래 아침 일찍 일어나는 것을 질색했는데, 달려보니 너무나 상쾌해서 그때부터 러닝에 푹 빠졌죠.

나중에 들었는데 그때 여성분은 직장에서 직책 정년을 맞이한 시기였다고 해요. 업무 자체에서 예전만큼 보람을 느낄 수 없었고, 자신이 이룬 성과가 회사의 실적으로 곧바로 이어지던 시절과 달리 일할 맛이 나지 않았다고 하더군요.

그간 데면데면하던 배우자의 트라이애슬론 동료와도 밥을 먹으면서 "저도 달리기 시작했어요" 하고 말했더니 모두 입을 모아 "멋진데요!"라고 응원해주었다고 해요.

나이를 먹을수록 일상생활에서 칭찬받을 일이 적어진다고 이야기했던 만큼, 기분도 흡족했을 겁니다.

50대가 되면
피로 해소 속도가 느려진다

이토 SNS가 아니라 육성으로 듣는, 말 그대로 '좋아요'인 셈이네요. 기분이 환해지고 긍정적인 기운이 샘솟겠어요.

나카노 1년 혹은 2년은 해야 성과가 나온다고 꺼리기도 하는데 러닝은 일주일 단위로 상황이 바뀌거든요. 돈도 시간도 들이지 않고 부담 없이 할 수 있다는 점에서 다른 취미가 있는 분들 역시 새로 곁들이기도 쉽고요. 제 고객 중에도 처음에는 두려워하다가 마치 맛있는 와인에 빠지듯이 몰두하는 사례가 한둘이 아닙니다.

그런 분들은 어떻게 보면 '탐욕가'라고 할까, 도파민을 원하는 타입이라서 비즈니스에서도 성공을 거둔 분이 많습니다. 러닝으로 한 축을 만든 다음 정원 가꾸기에 도전하는 등 여러 영역에서 축을 늘려가는 분도 있습니다. 업무 외의 영역으로 너비와 깊이를 더하는 것은 아주 멋진 일이죠.

이토 동년배 중에는 일만 하던 사람일수록 앞으로 무엇을 해야 좋을까 싶어 눈앞이 캄캄하다는 이도 있습니다. 시간을 마음대로 쓸 수 있으니 기뻐하긴 하지만 "무엇이든 좋은 대로 하세요"라고 하면 잘 움직이지 못해요. 움직이지 않으면 더 귀찮아지고요. 귀찮아서 행동으로 옮기지 못하는 것은 인지 장애와 노쇠로 가는 첫걸음입니다.

흔히 나이가 들면 몸과 마음이 약해진다고 하는데, 실제로 50대 중반만 되어도 여러 의미로 나이를 실감하는 일이 많았던 것 같습니다.

나카노 개인차는 있겠지만 원래 50대로 접어들면 공과 사 모두 환경이 크게 바뀌어요. 30대에서 40대까지는 그리 크게 바뀌지 않는 듯한데 50대에는 부모님 병간호나 상속 문제가 불거지기도 하고, 직업에서도 변화가 큽니다. 게다가 몸이 예전 같지 않은 시기가 겹치고요.

변덕이 심한 50대 초반에서 후반으로 들어가면 직책 정년 등 직장 환경에 변화가 찾아옵니다. 지금껏 해오던 일이 한순간에 사라져 상실감을 느끼는 분도 있을 겁니다. 그렇기에 심신의 건강을 유지하려면 일이 아닌 '무언가'가 필요하죠.

이토 많은 이들이 크든 작든 일을 하며 자신감을 얻지만, 요즘 60대에게는 일을 중심으로 생활도 인생도 차츰 나아지리라는 '성장 환상' 같은 것이 있는 듯합니다. 이른바 '잃어버린 세대[2]'인 50대 초반 아래로는 어릴 적부터 국가가 저성장기를 겪은 탓에 묘한 기대도 이상도 없는 냉정함을 지니고 있지만요.

반드시 세대론으로 묶을 수는 없겠지만 저희 세대는 고도성장기*에 직장 생활을 하던 부모님을 보며 회사에서 일하면 해마다 급여가 오르고 생활도 풍족해진다고 생각했습니다. 저는 우등생도 아니고 오히려 그 반대지만 성장이 당연한 사회에서 컸죠.

아직 스파르타식 분위기가 남아 있는 학교에는 '힘내라 주의'** 같은 속박도 있습니다. 바꾸어 말해 열심히 하면 결과가

---

* 일본의 고도 성장기는 1955~1973년이었다.
** 열심히 하는 것이 가장 중요하다는 가치관. 어려운 상황에서도 포기하지 않고 노력하는 것, 혹은 항상 온 힘을 다할 것을 권장하는 생각

나오고 내일로 이어진다는 생각이 있어요.

하지만 나이가 들수록 할 수 없는 일이 늘어갑니다. 사소하게는 연예인 이름이 생각나지 않는다거나 괜히 신경질이 나기도 하고 길을 걷다가 이유 없이 발이 걸리기도 해요.(웃음)

60대 중반이 몸도 마음도 이른바 '가위표'의 연속인 나날이 더욱 두드러집니다. 내가 하는 모든 일이 어제보다 오늘, 오늘보다 내일 더 좋으리라는 근거 없는 전망 탓에 노화를 받아들이지 못할까 봐 두렵고 불안해지는 것이죠.

나카노 사람마다 다르다고 해도 노화를 멈출 수 있는 사람은 없습니다. 50대를 맞이하면서 많은 이들이 지금까지와 다르다고 느끼는 것이 피로가 해소되는 속도입니다.

근육량이 느는 속도는 그리 급격히 떨어지지 않지만, 주관적인 피로도뿐 아니라 피 검사로 근육이 얼마나 상했는지 확인하는 크레아틴포스포키나아제(CPK)를 보더라도 50대의 피로 해소 정도는 40대와 확연히 달라집니다. 또 몸을 움직이면 혈중 철분을 많이 쓰기 때문에 빈혈 정도도 높아집니다.

더 나아가 60대가 되면 피로 해소 속도가 더 느려지는 데다 몸이 잘 변하지 않게 됩니다. 예를 들어 '체지방률을 줄이고 싶다'는 숙제와 씨름하며 열심히 달려도 수치는 그다지 달라지지 않죠.

바꾸어 말하면 신진대사가 퇴행되기 때문인데 60대는 50대보다 몸이 변화하는 속도가 도드라지게 느려지는 겁니다.

감정 조절에도
러닝은 안성맞춤 해결책

이토 요즘 사회에 '화내는 시니어'가 늘고 있다고 합니다. 한때는 '폭주노인*'이라는 말이 있었는데, 지금은 음식점 직원에게 언성을 높이거나 슈퍼마켓 무인 계산대에서 사용법을 모르겠다며 짜증 내는 사람도 있죠.

종업원이나 승무원에게 고압적인 태도를 보이는 '고객 갑질'은 50대부터 시니어 세대에게 많다고 합니다. 그것도 직장을 은퇴하거나 은퇴에 가까워지면서 일을 통해 얻는 충실감을 잃

---

* 폭주노인(暴走老人)은 쉽게 흥분하고 감정이 폭발해 범죄를 저지르는 노인을 뜻하는 말이다. 이 용어는 2000년대 중반 일본 사회에 노인 범죄가 폭증하며 생겨난 신조어다.

고 인정받지 못하는 자신을 어떻게든 알아달라는 표현이겠죠.

'소싯적에는 잘나갔는데', '회사에서 한자리 차지했는데' 하며 가슴에 쌓인 불만이 사소한 일로 다른 사람을 향해 터뜨려 버립니다. 같은 세대나 아래 세대 누구나 '저렇게 되고 싶지 않아' 하고 생각하면서도 내 안에도 그 싹이 있을지 모른다는 불안을 품죠.

나카노 정년 전후 세대는 부모님 병간호가 겹치는 일도 많아집니다. 직접 병간호를 경험한 아내는 남편이 그렇게 되지 않았으면 하는 바람을 갖게 될 테죠.

실제로 이런 부부가 있습니다. 남편은 젊은 시절부터 일류 운동 선수로 활약했지만 아내는 운동과는 연이 없는 사람이었습니다. 체력에 자신 있는 남편이 틈만 나면 아내에게 "당신은 운동을 더 해야 해" 하고 잔소리해도 아내는 전혀 듣지 않았어요.

그런데 나이가 들면서 척추관 협착증에 걸린 남편은 70세가 되자마자 운동을 할 수 없는 몸이 되고 말았습니다. 여성의 평균수명이 길기도 하고 여가 시간이 많던 아내는 머지않아 걷기와 조깅을 시작했습니다. 건강으로나 체력으로나 사회적으로나 우위였던 남편과의 관계가 역전된 겁니다. 그 결과, 남편은 아내에게 화를 내게 되었다고 해요.

이토 그것참 난감한 이야기네요. 나이가 들수록 상대를 치켜세우거나 양보하지 못하는 사람도 많은 듯합니다. 시니어 세대가 말다툼을 벌이도록 하는 불씨는 대체로 사소한 일에 고집을 꺾지 못하는 데서 생겨나곤 하죠.

나카노 아내 말을 들어보니 "당신은 좋겠네, 걸을 수 있고 어디든 갈 수 있어서" 하고 꽤 모진 말을 하는 모양입니다. 자기 몸이 뜻대로 되지 않는다는 조바심이 친구와 온천 여행을 자유롭게 다니는 아내에게 향한 원망으로 발전한 것이죠. 아내는 "어떻게 생각하면 안쓰럽긴 하지만" 하고 말하면서도 정신적으로 꽤 지친 듯했습니다.

'옛날에는 차분했는데 정년을 맞이하고 걸핏하면 발끈하는 성격이 되었다'는 이야기도 자주 듣습니다. 그런 이유에서인지 아내가 남편에게 한번 달려보라고 권하는 경우도 있다고 하더군요.

실제로 뜬구름 잡는 이야기가 아니라 러닝이나 운동을 하면 뇌 해마의 신경세포 감소를 막아 감정을 조절하는 데 도움이 된다고 해요.

이토 뒹굴뒹굴하며 텔레비전을 볼 때가 아니다, 차라리 밖으로 나가서 운동하든 하반신을 강화하는 취미를 가지라는 말이죠.

나카노 러닝은 무엇보다 돈이 들지 않으니 좋습니다. 은퇴하고 나면 부부나 가족끼리 여행하겠노라 기대해왔건만 걸을 수조차 없다면 무슨 소용이겠어요.

튼튼한 다리로 여행지를 누빌 수 있는 근력을 유지하고 싶다면 러닝이 안성맞춤입니다. 더불어 인지 장애나 알츠하이머병 예방에도 도움이 되고요. 달리면서 버럭 화내던 모습이 사라지니 멀어질 뻔했던 손주나 가족과도 더 돈독해지고 부부싸움도 줄겠죠.

즉 50~60대부터 펼쳐지는 또 하나의 인생을 내 가정과 동네에서 어떻게 잘 보낼까, 하는 점에서도 러닝은 의미가 있다고 할 수 있습니다.

나이에 맞는
러닝을 하면 된다

이토 저는 러닝을 시작한 지 곧 5년이 되는데요. 펀 런의 영역에 머무르기는 해도 2년쯤 달렸을 때는 연이어 목표를 달성할 수 있어 기뻤습니다. 풀코스 마라톤은 3시간 40분 정도, 하프 마라톤은 1시간 30분대 기록을 세웠습니다. 하루 평균 12km에서 15km를 거의 날마다 달렸죠.

그런데 62세 생일을 맞이했을 무렵부터 속도가 나지 않았습니다. 여태까지는 1km당 5분 전후로 달리고 더 빠르면 4분대 초반까지 속도를 붙였는데, 그러지 못하니 당황스러워요.

체지방을 태우는 목표 심박수의 지표인 속도 역시 1km당 5분에서 15초가량 느려지면서 몸무게가 차츰 불어났습니다. 그

전까지는 달리는 것 자체로 즐거웠는데, 의욕이 사그라든 듯한 느낌이 들기도 합니다.

나카노 속도를 내는 능력은 오래 달리는 능력보다 감소 곡선이 크거든요. 지구력은 서서히 떨어지지만 빠르게 달리는 힘은 부쩍 줄어갑니다. 원래 근육량은 20대부터 해마다 1%씩 감소하는데, 특히 하반신 근육은 무서운 속도로 빠집니다.

같은 러닝이라도 50~60대는 달리는 법을 바꾸어 다시 시작해야 한다는 겁니다. 50대까지는 근육질 몸매 관리를 목표로 하면서 트레이닝할 수 있지만 60대에는 다른 목표로 시선을 돌리는 것이 좋을 겁니다.

이토 나카노 씨는 직접 풀코스 마라톤을 여러 번 뛰기도 하고 러닝에 대한 책도 많이 내셨습니다. 《너무 힘쓰지 않는 러닝》이라는 중년을 위한 도서도 썼는데, 한마디로 열심히 달리면 안 된다는 뜻인가요?

나카노 저도 한때는 서브 3(풀코스 마라톤 3시간 끊기)을 목표로 스피드 내는 훈련을 거듭하기도 했습니다. 학창 시절에는 수영 선수였으니 따지자면 지구력이 뛰어난 편이기도 해서 버거운 스피드 달리기를 반복하는 동안 '이대로 가다가는 러닝이 싫어지겠는데'라는 생각이 들었죠.

때마침 무라카미 하루키 씨의 책을 읽고 기운을 차려 거리에 중점을 두는 달리기로 전환했습니다.

이토 무라카미 씨가 러닝에 대해 쓴 회고록 《달리기를 말할 때 내가 하고 싶은 이야기》로군요. 본문에 40대 어느 무렵에 별안간 시간이 뒤처질 때 느낀 당혹감을 이렇게 표현했죠.

'대체 어떻게 된 것일까? 나이 때문이라고 생각하기는 싫었다. 육체적으로 쇠약해지고 있다는 사실을 일상생활에서는 아직 실감할 수 없었으니까. 하지만 아무리 부정하고 무시하려 해도 숫자는 한 발, 또 한 발씩 뒷걸음질했다.'

나카노 씨는 40대에 이 책을 읽고 깨달음을 얻었다고 하셨는데, 60대에도 속도가 나지 않을 때 기분 전환이 필요하다는 뜻인가요?

나카노 젊을 때와 달리 60대쯤 되면 '몸이 성치 않을 때'가 많아집니다. 병명이 뚜렷한 내과나 정형외과 질환이 아니더라도 '왠지 몸이 안 좋아', '영 기운이 없는데' 하고 느낄 때가 많아요. 배가 아프다, 무릎이 시리다, 어지럽다, 목덜미가 뻐근하다 같은 '사소한 증세'가 하루가 멀다하고 나타나기도 하고요.

그럴 때 달릴지 말지 판단할 줄 알아야 합니다. 50대 이후의 러닝은 휴식할 타이밍을 지키는 것도 중요한 포인트가 되거든요.

제 고객 중에는 기업가도 있는데, 그분들의 공통점은 책임감이 강해서 사업이나 직원을 지키기 위해서는 자신이 건강해야 한다고 생각한다는 점입니다. 그렇기에 운동을 할 때도 너무 신중하다 싶을 만큼 조금이라도 불안하면 쉬거나 운동 강도를 낮추곤 하죠.

그런 분들은 절대 무리하지 않습니다. 레이스에 나가려고 홋카이도까지 가서도 몸 상태가 조금이라도 나쁘면 출전을 포기하기도 해요.

이토 그럴 때 강행하는 사람일수록 실제 업무에서도 과로해서 성과를 내지 못하겠죠. '무리하지 않기'라는 전제가 깔린 나이라는 것도 잘 알고요. 다만 괜한 심술인지 힘을 빼도 된다는 말을 듣는 것도 달갑지 않더군요. 마치 '너는 끝난 사람'이라고 하는 것 같아서요. 80대라면 몰라도 60대에 그러면 좀….

예를 들어 저는 글 쓰는 일을 하는데, 만일 젊은 편집자가 환갑이 넘은 제 원고를 읽고 "나이가 나이인지라 어쩔 수 없네요"라고 말한다면 충격받을 겁니다.

어떤 일이든 나이가 들수록 연륜이 쌓이는 것과 반대로 화력은 떨어지는 법이라고 생각합니다. 다만 이 나이가 되어서도, 아니 그렇기에 더욱, 전보다 좋은 글을 쓰려고 하고 적어도 전과 같은 수준을 유지하고 싶다는 마음으로 임하거든요.

나카노 바로 그 말에 시니어 달리기의 힌트가 있지 않을까요. 50대에서 시니어 세대의 러닝에는 두 가지 부상 위험이 있습니다.

먼저 약해진 뼈와 누적된 피로 때문에 관절이나 허리가 고장 나기 일쑤라는 것입니다. 말 그대로 신체적인 부상 위험이죠. 또 하나는 정신적인 부상입니다. 지인 가운데 30대부터 50년이 넘도록 러닝을 거르지 않고 계속해온 남성분이 있습니다. 그런데 80대가 된 어느 날, 무릎을 다쳐서 달릴 수 없게 되었어요. 그러자 운동 자체를 그만두고 말았습니다. 제로로 돌아갔어요. 아깝게도 말이죠.

하지만 이 남성분은 달리기에 일편단심이었기에 다른 선택지가 없습니다. 이처럼 실망해서 약해지는 것이 정신적 부상 위험입니다.

이토 인생 막바지를 위해 어떠한 삶을 선택할지 달리면서 질문받는 듯한 기분도 드네요. "그대들은 어떻게 달릴 것인가"라고 묻는 것처럼요.

나카노 이 책에서는 먼저 러닝의 장점을 정리하고, 달리기를 시작하는 50~60대를 위한 기초 다지기에 대해 설명할 텐데, 그 과정에서 시니어에게 적합한 달리기와 목표 설정법을 알려드리려고 합니다.

50~70대에게도 러닝은 체내 당질과 지방을 산소와 함께 소비하는 더할 나위 없는 유산소 운동이지만, 강도가 높아질수록 몸에 부담이 가는 격한 운동이기도 합니다. 그런 까닭에 오래도록 즐겁게 달리려면 "과연 러닝만으로 괜찮은가" 하는 질문도 필요합니다.

지금껏 러닝의 효과를 설명한 책을 여러 권 썼는데, 그것과는 또 다른 접근법이 될지도 모르겠군요.

2장

다시 알고 싶은 러닝의 장점

Q01
러닝을 하면 효과적으로
체중을 줄일 수 있는 이유가 무엇인가요?

저는 피지컬 트레이너로서 일류 선수나 일반 고객의 몸과 마음을 마주해왔습니다. 그런 제가 살을 빼고 싶다고 하는 고객에게 장삿속 제쳐두고 추천하는 것이 러닝입니다. 왜일까요. **러닝은 각종 운동 가운데 가장 효율적으로 다이어트에 도전할 수 있는 스포츠이기 때문입니다.**

신체 근육 중 약 70%는 다리에 몰려 있는데, 운동을 하지 않고 내버려두면 해마다 근육이 손실됩니다. 이것은 안타깝게도 걷기로는 막을 수 없습니다.

예전에 NHK*의 <아사이치>라는 아침 생활 정보 프로그램에 출연한 일이 기억에 남습니다. 십 수년째 날마다 5km씩 걷는다는 50세 여성이 자신은 매일 걸으니까 근육량이 절대 줄지 않았을 것이라며 자신만만하게 근육량을 쟀으나 '허약'이라는 판정을 받았습니다. 체지방률도 30%대였고요.

즉 속도를 내는 빨리 걷기가 아니라면 걸어도 대사 효과가 낮고, 일정한 거리를 일정한 속도로 걷는 인터벌 걷기처럼 강도를 어느 정도 높이지 않는다면 다이어트로 이어지지 않는다는 뜻입니다. 긴 시간 운동하면 몸속 지방을 태운다고 생각하는데, 절대 그렇지 않은 경우도 많은 겁니다.

그렇지만 러닝을 습관처럼 지속하면 하반신 근육량이 늘어납니다. 근육량이 늘면 기초대사량도 높아지죠. 근육은 그 자체로 대사를 촉진하고 에너지 소비를 돕기에 50대부터는 근육량을 늘리지는 못할지언정 줄어들지 않도록 하는 것이 중요합니다.

같은 음식을 먹어도 근육량이 많은 사람은 살이 잘 찌지 않는다고 할 수 있습니다. 존재만으로 저절로 칼로리를 소비해주는 고마운 존재는 근육뿐입니다.

신진대사를 활발하게 하려면 다리에 있는 큰 근육을 단련하는 것이 중요한데, 러닝은 그 점에서 큰 효과를 기대할 수 있습니다. 더불어

---

* 일본 공영방송.

스스로 '약간 힘들다'고 느낄 만큼 유산소 운동을 하는 것이 신진대사를 촉진하는 비결입니다.

그렇다면 살을 빼기 위해서는 어느 정도 강도의 운동을 얼마만큼 하면 좋을까요. 운동 자각도(RPE)라는 지표가 있습니다. 가장 효과적으로 지방을 연소할 수 있는 것이 '중간 정도 강도'로, 본인이 약간 힘들다고 느끼는 운동이라고 합니다. 다만 이는 어디까지나 주관적 감각이니 이 메커니즘을 알려면 자신의 나이와 심박수의 관계로 기준이 되는 수치를 산출할 필요가 있습니다(→138쪽).

우선 '1회 30분 이상 숨을 조금 헐떡일 정도의 중강도 운동을 주에 2회, 1년 이상 지속한다'는 후생노동성[*]이 제안하는 운동 습관의 기준[3]을 기억하세요.

현대 일본인 중 이 운동 습관을 지키는 사람은 남성 3명 중 1명, 여성 4명 중 1명꼴입니다. 고령자일수록 남녀 모두 그 비율이 높아지는 경향이 있으니 우선은 이 대열에 끼는 것을 목표로 삼으면 좋겠죠.

빨리 달리면 살이 빠진다, 거리를 늘리면 살이 빠진다 같은 환상에 대해서는 뒤에서 알려드리겠지만, 올바른 방법으로 달

---

[*] 우리나라의 보건복지부와 고용노동부 역할을 하는 일본의 중앙 행정기관

리는 것이 다이어트로 가는 지름길임은 자명합니다.
달리기를 습관화해 다이어트의 첫걸음을 뗍시다.

러닝으로 근육을 유지하면
효율적인 다이어트를 할 수 있다

Q02
러닝으로 규칙적인 생활 리듬을 조절할 수 있는 이유는 무엇인가요?

50대부터 시니어 세대 여러분은 인지 장애를 예방하기 위해서라도 뇌를 건강하게 유지하고 싶을 텐데, 러닝 효과로 **뇌 기능 개선을 꼽을 수 있습니다.**

뇌를 좋은 상태로 유지하기 위해 일상생활에서 해야 일이 세 가지 있습니다.

첫째는 뇌의 활동 상태를 안정시키는 것입니다. 이를 위해서는 생활 리듬을 일정하게 만드는 것이 중요합니다. 일어나는 시간과 잠드는 시간, 일하는 시간과 취미를 즐기는 시간을 되도록 일정하게 합니다.

생활 리듬을 안정화하는 것은 운동선수에게도 아주 중요합니다. 운동선수는 경기 중 여러 가지 복잡한 동작을 하는데, 이는 뇌를 많이 사용한다는 뜻입니다. 요컨대 다양한 상태에 몸을 반응시키는 일뿐만 아니라 시합 전 혹은 시합 중에 전술을 궁리하거나 코치의 지시를 이해하고 소화하는 등 몸만큼이나 뇌를 구사하고 있는 것이죠.

"뇌가 지쳤다"라고 표현하는 운동선수도 있는데, 뇌의 피로가 고스란히 몸의 피로로 이어지는 것은 잘 알려진 사실입니다.

피로를 발생시키지 않으려면 생활 리듬을 일정하게 유지하는 일이 아주 중요한 겁니다. 일반인분들도 마찬가지라서 **생활 속 요소를 되도록 제시간에 행하고, 걸리는 시간도 일정하게 하는 일이 뇌 건강에 중요합니다.**

제일 해로운 것은 "오늘은 쉬는 날이니까 늦잠 자야지", "오늘은 일찍 일어나야 해" 등 평소의 생활 리듬을 무너뜨리는 일입니다. 반드시 365일 바꾸면 안 된다는 뜻은 아니지만 최대한 똑같이 유지하세요.

생활 리듬이 불안정하면 뇌 기능이 저하되어 다른 사람과 대화할 때 말이 잘 나오지 않는다거나 말이 술술 나오는 날과 그렇지 않은 날이 있다거나 이따금 머릿속이 백지가 되는 경우가 생깁니다.

뇌에 중요한 둘째 포인트는 뇌가 활발하게 활동하기 전의 '준비'입니다. 그날 해야 할 업무나 회의 등 중요한 이벤트에 앞서 2시간 이상 뇌가 준비하는 시간을 마련하면 실전에서 수행 능력이 높아진다고 합니다.

준비 시간이 없으면 정작 중요한 '실전'에서 예리한 사고력과 집중력이 떨어집니다. 아침에 일어나서 강아지 산책을 시키거나, 걷거나, 정원을 가꾸거나, 책을 읽는 등의 습관으로 메인 이벤트를 위해 뇌를 준비시킵시다.

그런 습관 중 하나로 러닝을 하며 하루를 열면 뇌의 준비운동에도 도움이 됩니다.

셋째는 생활 습관병 예방입니다.

체중 증가, 고혈압 등은 생활 습관병의 신호인데, 그런 신호가 나타나지 않도록 하려면 균형 잡힌 식생활과 적당한 운동이 필요합니다.

쉽게 할 수 있는 적당한 운동이라고 하면 뭐니 뭐니 해도 러닝이죠.

이 세 관점에서 러닝은 뇌에 이롭다고 할 수 있습니다.

되도록 날마다 규칙적으로 러닝을 하면 생활이 정돈되어 뇌의 건강을 지킬 수 있습니다.

러닝은 뇌의 작용을 도와
충실한 하루를 준비할 수 있게 한다

Q03
러닝이 분노를 억제하고
인지 장애도 예방한다는데, 정말일까요?

    화가 많아지는 원인으로는 뇌가 만드는 단백질인 뇌 유래 신경 영양 인자(BDNF)의 감소를 들 수 있는데, 이는 인지 장애나 우울증으로 이어진다는 사실이 지적되고 있습니다.

    BDNF의 농도가 가장 높은 곳은 기억이나 공간 지각을 관장하는 대뇌의 해마라는 부분입니다. 해마는 기억력과 공간 지각 능력을 유지하는 일 외에 감정 억제도 담당합니다. 해마는 25세가 지나면 0.5%에서 1%씩 축소되는데, 제가 미국에서 스포츠 의학을 공부할 무렵만 해도 감소는 피할 수 없다는 것이 정설이었습니다.

    그런데 유산소 운동을 하면 BDNF의 분비 활동이 촉진되어 해마의 부피가 해마다 2%씩 커진다는 것이 밝혀졌습니다. **러닝으로 해마의 크기를 키우면 건망증도 막고 감정도 조절할 수 있다는 뜻이죠.**

또 러닝으로 화나거나 불쾌한 일을 잊을 수 있다는 사람이 많은 이유는 달릴 때 적당한 고통을 느끼기 때문일 겁니다. 그래서 힘들거나 괴롭다고 여겼던 일을 잊게 되는 것이죠. 저도 달리다 보면 업무 고민이나 과제가 그다지 별일 아닌 것처럼 느껴지곤 합니다.

분노나 짜증도 매한가지라, 지난 일이 대수롭지 않게 생각되고 덧씌워지는 듯한 느낌이 든 적 없나요? 달리기가 습관이 되면 잊기 십상이지만, 러닝을 할 때 몸은 우리가 생각하는 것보다 극한의 상태로 힘을 쓰고 있습니다. 심장박동도 최대 심박수에 가깝고 혈액도 잔뜩 돌려야 하는 데다 기온이나 체온 변화에도 적응해야 하거든요.

게다가 급경사를 만나거나 울퉁불퉁한 길을 지날 때 넘어지지 않고 나아가는 대응 능력을 뇌와 몸이 감당하고 있죠.

달린다는 것은 매일 그런 프로세스를 해내고 있다는 의미입니다. 뇌도 몸도 시시콜콜한 데 연연할 여유가 없죠. 이 또한 분노를 잊게 하는 메커니즘 중 하나입니다.

"화가 날 때는 6초 동안 기다리세요"라는 말이 분노 조절법으로 흔히 통하는데, 화가 날 때는 달려봅시다. 건강에도 좋고 화도 잠재울 수 있으니, 일석이조라고 해도 좋겠네요.

러닝은 궁극의 분노 억제제, 인지 장애를 예방한다

Q04
러닝은 디지털 디톡스에 좋다고 하던데 어떤 효과 때문인가요?

조사에 따르면 현대 일본인이 통화 외에 스마트폰을 사용하는 평균 시간은 일주일에 20시간이라고 합니다.[4]

온종일 책상 앞에 앉아 있으면 메일이나 전화로 온갖 정보가 날아들죠. 필요한 연락이라면 괜찮지만 요즘 인터넷 환경은 원하지 않아도 부정적인 정보가 보일 때가 있어 스트레스를 받기도 합니다.

SNS 커뮤니케이션으로 스트레스가 극심해진 적도 있을 테고요. 또 인터넷에 의존하면 고독감이나 우울감이 커질 뿐만 아니라 하루 종일 쉴 새 없이 쳐다보며 생긴 안정 피로*가 수면의 질에 지장을 줄 우려가 있습니다.

예를 들어 헬스클럽에서 러닝을 하거나 자전거를 탈 때는 모니터 화면을 볼 수 있으니 '동시에'도 가능합니다. **그와 반대로 디지털 정보를 단절하며 진행하는 러닝은 값진 시간이라고 생각해도 좋을 듯합니다. 말하자면 궁극의 디지털 디톡스(디지털 기기와 일정 기간 거리를 둠으로써 뇌와 몸을 재충전하는 것)이죠.** 더불어 업무에서 벗어날 수 있는 시간이기도 합니다.

저는 하루의 업무나 할당량을 해치운 뒤 달릴 때가 많고 그러지 않으면 불안한데, 경영자분들 중에는 일이 끝났을 때 습관적으로 러닝을 하는 분도 있습니다. 그렇게 하면 달리는 동안 '해야 할 일이나 일정, 우선순위가 정리된다'고 합니다. 정말 책상에서 노트북을 내내 보고 있으면 눈앞에 있는 일이 유난히 크고 무거워 보이게 마련입니다. 그것을 객관적으로 되돌아볼 수 있다는 것도 스마트폰이나 노트북에서 벗어나 행할 수 있는 러닝의 힘입니다.

매일 달리면 스마트폰과 거리를 두는 시간이 생깁니다. 달리면서도 연락을 주고받을 수 있는 스마트폰이라면 이론상으로는 원격으로 회의하면서 달릴 수도 있겠으나 일부러 멀리하려고 해도 좋겠죠.

---

* 눈의 과도한 사용으로 두통이나 시력장애 등을 일으키는 증상

또 일과를 모두 마친 밤에 스마트폰을 내려놓고 달리는 것도 디지털 디톡스가 됩니다. 하루의 전환 스위치로도 유용할 수 있겠네요.

아무튼 러닝과 수영은 스마트폰을 손에서 놓을 수 있는, 요즘 세상에서는 귀한 기회입니다. 이렇게 하면 업무나 작업 효율을 높일 수 있을 겁니다.

디지털 디톡스로
탄력성은 붙이고 효율성은 업

Q05
꾸준한 달리기로 요통이 사라졌다는 친구가 있는데, 어떤 원리인가요?

요통은 일본인 10명 중 1명이 증상을 호소하는, 이른바 국민병입니다[5]. 디스크 같은 외과 질환뿐 아니라 걸음걸이나 앉는 자세와 같은 생활 습관에서 기인할 때도 많기에 원인을 알 수 없는 경우도 있죠. 만성 요통에 시달리는 경우, 대부분 골반과 허리뼈 주변과 엉덩이의 근육 부족이 원인이라고 할 수 있습니다.

디스크나 척추관 협착증은 러닝을 하면 더 나빠질 가능성도 있지만 **오랜 운동 부족으로 근력이 감소해 생긴 요통 증상에는 러닝이 가장 좋은 치료법입니다.** 이런 요통 대부분은 골반과 허리뼈 주변 근육이 뻣뻣해져서 생기기도 하기 때문이죠. 러닝은 엉덩이 근육을 강화할 수 있는 데다 걷기 등에 비해 골반을 크게 움직여 근육이 굳지 않도록 예방할 수 있습니다.

더불어 골반 주변 근육이 튼튼해지면서 골반이 과도하게 움직이는 것을 막아줍니다. **즉 골반이 안정되면서 몸의 기틀이라고 할 수 있는 허리 주변이 견고해지는 것이죠.**

허리와 골반이 안정적으로 움직이면서 몸통을 꽉 잡아주어 흔들림 없이 달릴 수 있게 되고, 나아가 달릴 때마다 엉덩이 근육이 단련되어 자세가 바로잡히면서 요통이 잘 생기지 않게 되는 선순환이 일어납니다.

엉덩이 근육은 골반을 밑에서 단단히 받치는 역할을 합니다. 몸의 기반을 안정적으로 지지하는 것이죠. 일어선 자세로 밑에서 엉덩이를 잡고 떠받치면 편한데, 그 상태를 러닝으로 만들 수 있는 겁니다.

꾸준히 달리면 하반신을 단단히 잡아주는 또 하나의 파트너를 얻는 셈입니다. 달린 후 관리를 통해 한층 효과를 볼 수 있으니, 엉덩허리근나 큰볼기근의 정적 스트레칭으로 피로를 풀어보세요.(→207쪽).

여성에게 "러닝으로 몸의 어느 부위가 바뀌었나요?" 하고 물으면 올바른 자세로 달리는 사람 대부분이 엉덩이 모양이 좋아졌다고 대답합니다. 히프 업이 되었다는 것은 엉덩이 근육이 눈에 띄게 붙었다는 뜻입니다.

이처럼 남녀 모두 러닝으로 요통 예방과 몸매 관리, 일거양득을 기대할 수 있습니다.

러닝을 하면 허리를 안정감 있게 받쳐주는
파트너를 만들 수 있다

Q06
예순이 넘으니 동년배 모임에서 질병이 화제에 오릅니다. 러닝이 혈당치나 혈압을 낮추기도 하나요?

건강한 몸이라면 혈당치는 식후 60분에서 90분에 최고조에 이릅니다. 따라서 혈당이 많은 상태에서 그 당을 빨리 써버리면 몸에서 당을 줄일 수 있죠. 입으로 들어온 당질은 먼저 근육과 간에 글리코겐이라는 형태로 저장된 뒤 지방세포에서 체지방으로 비축됩니다.

즉 근육을 사용해 글리코겐을 많이 줄일 수 있다면 당은 남지 않게 되므로 체지방이 쌓일 여지가 적어집니다.

일본은 조촐한 식사* 열풍이 불었는데, 나이를 먹으면 식생

---

* 현미밥, 된장국, 절임 반찬만으로 구성된 간단한 식단

활에 신경 써야 하는 한편 50대에서 70대는 음식에 대한 기호도 달라집니다.

조금은 사치를 부려 맛있는 음식을 먹고 싶을 때 남성은 특히 탄수화물을 고르지 않나요? 그런 음식은 당분까지 높을 때가 많아서 먹고 그냥 두면 체지방이 됩니다. 50대에서 시니어 세대분들이라면 '밥 먹고 누우면 소 된다'는 속담을 들어본 적이 있을 텐데, 이는 사실입니다.

요컨대 당을 낮추려면 식후 60분에서 90분 이내에 허벅지 주변의 큰 근육을 적극적으로 움직여 당을 소비하면 됩니다. 그 점에서 허벅지나 엉덩이 주위의 대근육을 움직이는 러닝은 당을 소비하는 효과가 있습니다.

기본 근육량이 적으면 저장할 수 있는 글리코겐도 적기 때문에 가솔린을 쌓을 수 없는 상태가 됩니다.

근육량이 많을수록 원기가 있다는 뜻이므로 애초에 쉽게 지치지 않기도 합니다. 근육이 부족하고 체지방으로 무거워진 몸은 약간의 가솔린으로 무거운 차를 움직여야 하는 상태와 같아서 금세 에너지가 고갈되어 툭하면 지치게 되는 것이죠.

러닝을 하면 근육량도 늘고 당 소비량도 늘어나기에 체지방의 축적을 막을 수 있을 뿐만 아니라 연소 효율이 좋은 몸을 만들 수 있습니다.

생활 습관병의 대명사인 당뇨 예방이라는 관점에서도 하나부터 열까지 다 좋은 셈입니다.

고혈압을 개선하려면 먼저 식생활이나 생활 습관을 점검해야 합니다.

싱겁게 먹기, 채소나 과일 부지런히 먹기, 적정 체중 유지, 운동, 절주, 금연을 제창한 후생노동성의 가이드라인[6]에 따르는 생활 습관이나 일본고혈압학회가 제안하는 '매일 30분 이상 혹은 주 180분 이상의 운동'[7]이라는 지표에 맞는 적당한 유산소 운동으로 개선됩니다.

또 고혈압과 함께 동맥경화나 심근경색을 일으킨다는 이상지질혈증에도 이른바 '착한 콜레스테롤'을 늘려 중성지방을 줄이는 적당한 운동이 도움이 된다고 보고되고 있습니다.

어느 모로 보나 하루에 30분에서 60분 정도의 약간 고된 러닝이 생활 습관병 예방에 좋다고 할 수 있겠네요.

근육으로 당을 많이 사용하면 혈당 수치가 떨어진다

Q07
매일 꾸준히 러닝을 하면 적당한 피로로 자신도 모르게 잠이 들어 수면의 질을 높일 수 있을까요?

　수면에 크게 작용하는 것이 자율신경입니다. 자율신경은 운동 부족, 비만, 흡연 등 세 가지 요인으로 기능이 나빠지기 때문에 운동을 하면 자율신경의 작용을 정상화하는 데 도움을 줍니다.

　적당히 피곤하면 쉽게 잠이 온다는 것은 사실입니다. 저녁을 먹은 후에 달리면 푹 잘 수 있을 겁니다. 하지만 너무 늦은 저녁이나 밤에 달리면 다른 효과가 나기도 합니다. 운동을 하면 자율신경 중 몸을 활동 상태로 유지하는 교감신경이 우위에 서고 휴식을 부르는 부교감신경은 물러납니다. 즉 몸은 피곤한데 뇌는 활발해져 말똥말똥해지는 것이죠.

그런데 잠자는 시간에 너무 가깝지 않게, 되도록 이른 시간에 운동해야 영향을 받지 않는다는 사람도 있고, 운동을 한 직후에 잠이 잘 온다는 사람도 있습니다. 다시 말하자면 '러닝은 수면을 촉진한다'는 결론은 맞는데, 생활 습관이나 체질에 따라 다르다는 겁니다.

이에 대해서는 5장에서 자세히 설명하겠으나(→127쪽), 그 전 단계인 습관 만들기 과정에서 실제로 시도해보고 자신에게 어느 쪽이 맞는지 파악하는 것도 좋겠습니다.

자율신경이 정상으로 돌아와 단잠을 부른다

Q08
**러닝을 하면 집중력이 높아지고
여러 과제를 정리할 수 있어
일이 척척 진행되는 느낌인데,
그 이유는 무엇인가요?**

러닝 중에는 스마트폰이나 노트북을 통해 들어오는 수많은 정보가 차단됩니다. 더구나 일정한 리듬을 타다 보면 집중력이 좋아지고 아이디어가 샘솟기 쉽습니다.

제가 주목하는 것은 바깥 기온의 변화입니다. 아침에 일어나서 실내에 계속 있으면 일정한 실온 속에서 하루를 보내게 되는데, 일본은 사계절이 뚜렷한 나라입니다. 1년에 걸쳐 기온이 바뀌는 가운데 체온도 호르몬의 균형도 심박수도 일정하게 유지되는 것이 인간이 지닌 항상성인데, 이를 지탱하는 것이 자율신경입니다.

러닝으로 자율신경을 정상으로 되돌릴 수 있습니다. 겨울에는 뽀

얀 입김이 나오는 추위를 뚫고, 여름에는 40℃에 달하는 더위 속을 달릴 때도 있습니다. 달리면서 체온이 저절로 상승하는 가운데 자율신경은 에어컨처럼 몸을 환경에 맞게 조절하기도 하죠. **아울러 자율신경은 마음과 연결되어 있어 자율신경이 잘 조절되는 사람은 정신 질환에 잘 걸리지 않는다고 합니다.**

항우울제와 같은 약물보다 운동이 효과가 더 좋다는 데이터는 허다합니다. **자율신경이 정상 궤도에 오르면 능률도 오르고 교감 신경을 깨워 일에 집중할 수 있습니다.** 그와 반대로 자율신경이 약해지면 일을 해야 할 때도 부교감신경이 우위가 되어 몸은 휴식 상태로 돌입해 능률이 떨어집니다. 러닝은 이런 상황 또한 적정하게 조절할 수 있습니다.

기온으로 말하면 24시간 계속 같은 실온에서 업무부터 생활까지 하다 보면 체력뿐 아니라 자율신경의 기능도 떨어집니다. 흔히 "추운 데 있으면 감기에 걸리니까" 하고 말하는데, 정확하게는 추운 곳으로 나가지 않아서 감기에 걸리는 겁니다. 사시사철을 보내는 일본인은 워낙 기후변화에 대응하는 능력이 좋지만, 이를 한층 길들일 수 있는 것이 실외 러닝인 셈이죠.

바깥 공기로 자율신경이 정상화되어 집중력이 높아진다

Q09
러닝으로 자신감이 붙으면 외모도 젊어진다고 하는데, 정말일까요?

20대나 30대에는 일이든 무엇이든 '처음 하는 것'이 많습니다. 실패하는 횟수가 많은 만큼 성취감을 얻을 기회도 많아지죠. 반면 50~60대는 해보지 않은 일이나 목표에 도전할 일이 적어집니다. 하지만 처음 해보는 일로 성과를 내면 나이를 불문하고 자신감이 생깁니다. 레슨을 받고 기술을 습득해 서서히 결실이나 손맛을 보는 골프 등과 달리 러닝은 거리나 속도라는 알기 쉬운 지표가 있어 성과를 두 눈으로 확인할 수 있는 운동입니다.

또 우수한 유산소 운동이니 올바른 방식으로 달린다면 체중계 숫자도 바뀌겠죠. 다이어트가 착착 진행되면 '난 아직 죽지 않았어' 하는 자신감이 붙고, 체력이 좋아져 달리는 거리가 늘거나 시간이 단축되면 내 몸도 성장할 수 있다는 자부심을 느낄 겁니다.

실제로 러닝이라는 유산소 운동으로 혈액순환이 원활해지면 피로 물질이 잘 순환되어 쉽게 지치지 않게 됩니다. 지치지 않으면 몸도 마음도 활기를 띠어 젊어 보이죠.

운동을 과도하게 하면 활성산소가 늘어 몸이나 노화 예방에 좋지 않다는 말도 있는데, 러닝 정도라면 그런 염려는 하지 않아도 됩니다. 세계보건기구가 적당한 운동의 기준으로 세운 '일주일에 150분에서 300분의 중강도 유산소 운동'을 한다면 걱정은 접어두세요.

목표에 도전하면
몸도 마음도 젊어진다

Q10
러닝을 계속하면 밥맛이 나서 오히려 칼로리 과잉이 되지 않을까요?

에너지 소비량을 계산하는 간단한 방법으로는 다음과 같은 공식이 유명합니다.

에너지 소비량(kcal)=몸무게(kg)×거리(km)

여기서 거리는 달리는 거리를 말합니다. 이 수식으로 산출한 칼로리를 넘지 않으면 칼로리 과잉이 되지는 않습니다.

아침밥을 먹었는데도 러닝을 하면 점심 전에 시장기를 느껴 '금세 허기가 진다'는 러너의 이야기를 듣곤 합니다. 근육을 쓰는 운동을 적당히 하면 근육의 글리코겐을 소비하는, 소위 말해 가솔린 탱크가 축나기 때문에 몸이 당연히 연료를 원하게 됩니다.

하루 세끼는 사람이 건강하게 지내도록 하는 기준으로, 원래는 배가 고파야 할 점심때나 저녁때에 '입맛이 없어', '배가 고프지 않아'라고 느낀다면 에너지를 적절하게 쓰지 않았다는 뜻입니다.

운동을 하지 않는 몸은 근육이 부족하기에 아무리 적게 먹어도 근육이 당을 저장하지 못하게 됩니다. 그러면 남은 당이 체지방으로 쌓이는 것이죠.

"별로 많이 먹지도 않았는데 왜 이렇게 살이 찔까요?" 하고 하소연하는 분이 있는데, 근육량이 적은 것이 이유입니다.

강도를 조절할 수 있는 러닝은 올바른 방법으로 한다면 효과적인 다이어트가 가능한 운동인 동시에 건강한 몸을 위한 식생활을 만들 수 있는 운동이라고 하겠습니다.

몸을 움직이면 혈당이 에너지로 사용되어 혈당치가 떨어지고 근육이나 지방이 분해됩니다. 이렇게 혈중 지방산이 늘면 섭식 중추에서 공복을 호소하는 신호를 보냅니다. 이것이 배고프다는 느낌이죠.

식생활의 불균형은 올바르게 상황을 판단해 신호를 보내는 섭식 중추나 포만 중추가 오작동을 일으켜 생깁니다. '세끼를 꼬박꼬박 챙겨 먹는다'고 하면 살찐다는 등 과다 섭취라는 등 나쁜 이미지로 해석되기도 하죠. 하지만 꼬박꼬박 먹을 수 있다는 것은 몸에 필요한 영양소를 잘 섭취하고 있다는 뜻입니다.

    아주 바람직한 일이고 장수하는 사람은 고령이 되어서도 잘 챙겨 먹습니다. 러닝은 건강한 몸을 만드는 식생활로 가는 첫걸음이라고 할 수 있습니다.

달리는 것은
건강한 식생활로 가는 첫걸음

3장

달리기 전에 꼭 해두어야 할 준비

Q11
몇십 년 동안 운동과 담쌓고 살다가 갑자기 달리기를 해도 될까요. 준비운동이 필요한가요?

좋은 질문이네요. 조깅 정도의 가벼운 운동이라면 갑자기 시작해도 몸에 바로 해가 되지는 않겠죠. 그러나 **오래도록 건강히 달리기 위해서는 그만한 준비를 하는 것이 마땅합니다.**

진지하게 다이어트를 생각하거나 건강검진 수치가 나빠서 생활 습관병을 예방하고자 하는 분은 효과를 보기 위해 진득하게 달릴 생각을 해야 합니다. 그러기 위해서는 자동차로 치면 차대^{*}, 그러니까 토대를 탄탄히 다진 뒤 달리는 것이 중요합니다. 그 후에 엔진이나 가솔린 탱크를 보살펴나갑시다.

---

* 자동차에서 차체를 뗀 나머지 부분의 통칭으로 자동차가 주행하기 위해 필요한 필수 장치의 모음.

다음 쪽의 그림을 봐주세요. 여기에는 단계적으로 무엇을 통과해야 풀코스 마라톤에 도전하는 레벨에 이르는지 쓰여 있습니다. 이 장에서 설명하는 것은 '준비 기간'인데, 앞으로 십수년 단위로 건강을 유지하기 위해 달린다고 생각할 때, 초반 1개월에서 2개월을 기초 다지기에 써도 결단코 헛되지 않을 겁니다.

운동 부족으로 체지방이 너무 많다, 술을 많이 마셔서 건강 검진에서 간 수치가 나쁘게 나왔다 등등 각자 고민거리는 다를 테지만 우선 주로 다이어트와 건강 유지 목적으로 범위를 좁혀 준비 단계를 설명하겠습니다.

달리기 전에 살을 빼는 분도 있다는데, 이는 역효과를 냅니다. 체중을 줄이기 위해 끼니를 거르거나 불규칙한 식생활을 하면 기초 다지기에 필요한 재료가 부족한 채로 준비하게 되기 때문입니다.

대부분 먼저 걷기부터 시작해 익숙해지면 러닝을 하겠노라 생각하지만, 가뜩이나 근육량이 떨어진 상태에서 아무리 걷기에 거리나 시간을 들여도 효과는 없습니다. 그 시간에 근력 운동으로 다리 근육을 조금이라도 되찾는 것이 중요합니다.

오래도록 건강하게 달리기 위한 단계란?

	준비 기간	습관화 기간	
	1~2개월	2주간	
50대	달리기 위한 다리 근육을 키운다 · 되찾는다	• 아파트나 사무실 계단을 오르락내리락하기→p.78 • 출퇴근 때나 휴일에 빨리 걷기→p.79 • 연동성을 신경 쓴 홈 트레이닝→p.79	자신이 기분 좋게 달릴 수 있는 습관을 찾는다	• 일상에서 달리는 시간 만들기→p.92 • 무리하지 않는 거리로 달리기 시작하기→p.95 • 신발 고르는 법과 사는 법→p.97
60대		• 헬스클럽에서 안정적인 트레이닝하기→p.80 • 식생활 돌아보기→p.86 • 짧고 굵게 걷기→p.80		• 올바른 자세란 무엇일까?→p.100 • 통증 감별법과 위험한 신호→p.103
70대		• 헬스클럽에서 안정적인 트레이닝하기→p.80 • 식생활 돌아보기→p.86 • 수면 개선하기→p.89		• 수영과 병행하는 법→p.105 • 스트레칭 방식은?→p.148

	일상화 기간	중급	상급
	3개월~ **10km!**	6개월~	1년~
매일 달리지 않으면 기분이 찜찜하다	• 월 200km는 위험한 신호→p.110 • 보호대와 냉찜질→p.113 • 거리와 시간을 위한 자세→p.116	• 속도와 거리의 1일 목표는→p.134 • 스마트 워치 사용법→p.136 • 굽 높은 러닝화 사용은→p.140 • 새벽 러닝과 야간 러닝의 포인트→p.143	• 우선은 하프로 익숙해지기→p.164 • 첫 마라톤 레이스 고르는 법→p.166 • 지인에게 협력을 부탁하는 방법→p.168
속도나 거리에 도전하고 싶어진다 (중앙) / 레이스나 대회에 출전하고 싶어진다 (우)	• 코스는 빙 두를까 한 방향으로 갈까?→p.118 • 아침에 달릴까 밤에 달릴까?→p.121 • 수분 보충은 달리기 전에 할까 도중에 할까?→p.124	• 입욕과 사우나의 효능과 주의 사항→p.146 • 운동 전후 스트레칭 방식→p.148 • 오래 건강히 달리기 위한 식사란→p.151	• 대회 전날·전야 보내는 법→p.170 • 앱 공유로 북돋기→p.172
	• 열사병과 빈혈에 주의하는 이유→p.128 • 적절한 목표 설정법이란→p.131	• 10km 이상 목표 설정 선택하기→p.156 • 오래 달리는 비결은 많이 달리지 않는 것→p.161	• 울트라 마라톤 목표로 삼는 법→p.175

3장 | 달리기 전에 꼭 해두어야 할 준비

다리 근육을 키우지 않으면 달려도 칼로리 소모량이 늘지 않고 불안정한 상태로 달리기 때문에 관절을 다치기 쉽습니다.

기초 다지기란 근육량을 늘리는 것입니다. 적어도 40대의 근육량으로 되돌리는 겁니다. 걷기는 기분 전환으로 하고 본격적으로 달리기 전에 먼저 근력 운동부터 시작합시다.

사람의 몸은 러닝처럼 유산소 운동을 하느냐, 근력 운동처럼 저항 운동(근육에 저항을 주어 동작을 반복하는 운동)을 하느냐에 따라 달라집니다.

보디빌더들이 택시를 타고 헬스클럽에 간다는 이야기를 들어본 적 없나요? 걸어가는 동안에 근육이 빠질까 봐 우려하기 때문입니다. 올림픽 선수 중에도 유산소 운동을 하는 장거리 선수는 호리호리하지만 거의 무산소 운동으로 승부를 보는 단거리 선수는 기골이 장대하죠.

걷거나 달리는 유산소 운동은 근육을 에너지로 사용하기 쉽지만, 근력 운동은 근육이 붙는다는 사실을 이해합시다. 즉 걷기는 저강도 유산소 운동이어서 근육이 빠지는 비율은 높은 데다 기초대사량도 별로 늘지 않는 탓에 다이어트에는 역효과가 나는 것이죠.

러닝을 하기 전에 걷기로 살을 빼겠다는 생각을 버리고 러닝을 하기 위해 근육을 붙입시다. 근육을 붙이려면 근력 운동이 필요하고, 러닝에 필요한 다리 근육을 기르려면 가급적 헬스클럽에서 온몸의 근육을 키우는 전신 운동을 하는 것이 좋습니다. 전신 운동으로 근육 전체를 늘리면서 다리 근육도 붙여나가는 것이 효과적이기 때문입니다. 앞, 뒤, 종아리, 엉덩이, 복부, 가슴 등 전체를 골고루 단련해나갑니다.

달리기 시작하기 전 1개월에서 2개월 동안 헬스클럽 직원이 짜주는 동작을 시도하고 익숙해지면 다음 동작을 실시하는 것이 좋습니다. 근력 운동은 빈도와 강도가 전부입니다. 최소한 주에 2회, 어느 정도 강도를 높여 2개월간 지속하면 효과가 나옵니다.

더구나 우리 몸은 트레이닝하다 보면 내성이 생기기 때문에 서서히 부하를 올리든가 종목을 바꾸거나 늘려서 자극해야 합니다.

헬스클럽에 가야 근육을 키울 수 있느냐고 하면, 꼭 그렇지는 않습니다. 트레이닝 동작은 유튜브에 올라온 동영상이나 시중의 책을 참고해도 좋습니다.

여름철인 8~9월은 실내에서 하는 홈 트레이닝으로 단련하고 러닝 시즌인 10월부터 달리기 시작하면 딱 좋습니다.

먼저 2개월 동안 기초를 다지자

Q12
준비 기간에 꾸준히 할 운동을 나이별로 정리해서 알려주세요.

50대부터 설명해볼게요. 피로 해소 속도는 느려지지만, 근육량은 그런대로 '근육 저축'을 했다는 전제로 진행하겠습니다.

개인차가 있다고는 해도 먼저 근육을 붙인 뒤 달리는 단계를 밟는 것이 옳다고 봅니다. 다만, 50대 초반이고 근육량이 어느 정도 된다고 생각하면 아파트나 사무실, 지하철역 등의 계단을 일부러 오르락내리락하는 활기찬 습관과 더불어 러닝을 시작해도 되겠죠.

평상시에 계단으로 다니는 습관이 없는 사람은 일상생활에서 의식적으로 계단을 이용해 근육을 조금씩 늘려나가세요. 출퇴근할 때나 휴일에 빨리 걷기를 해도 좋겠네요.

단, 평소 계단을 오르내리는 분이라면 더 강한 부하와 운동으로 근육을 붙여야 합니다. 집에서 하는 근력 운동은 난도가 높고, 가령 두 다리로 스쾃을 한다고 해도 원래 계단으로 잘 걸어 다니는 사람은 오히려 자극이 덜 되기도 합니다.

포인트는 평소보다도 강한 자극을 주는 겁니다. 집에서 하는 트레이닝(홈 트레이닝)은 적용하기 쉽지만, 강도를 잘못 설정하면 효과를 보지 못하는 어려움이 있죠. 그런 점에서 헬스클럽에서 강도를 설정하면 단순히 무게를 바꿀 뿐이어서 알기 쉽고 안정적으로 트레이닝할 수 있기에 성과를 내기 좋습니다.

한편으로 몸을 고정하고 하반신에 힘을 주기 때문에 몸통을 쓸 수 없다는 단점도 있습니다. 집에서 하는 홈 트레이닝은 균형이 맞지 않는 상태에서 트레이닝하는 경우가 많기에 상반신이 안정된 상태로는 얻을 수 없는, 러닝에 필요한 요소를 챙길 수 있다는 면에서는 효과가 좋습니다.

어느 정도 기초가 있는 50대는 가급적 몸통을 쓰면서 트레이닝하면 좋으므로 홈 트레이닝을 계속하는 것도 좋다고 봅니다.

60대에는 근육이 생기는 속도가 50대보다 느려지기에 몸통과의 연동을 의식하기보다 근력을 붙여 토대를 안정시키는 데 중점을 두어야 합니다. 안전하게 강한 자극을 주어 근육량을 늘리는 것에 주력해야 하므로 헬스클럽이 더 낫다고 할 수 있겠죠.

70대는 근력 운동도 필요하지만 걷기부터 시작하는 것이 현실적이라고 봅니다. 사람에 따라서는 50~60대의 트레이닝 동작을 따라 해도 되고, 계단을 오르락내리락하는 것도, 헬스클럽에 다니는 것도 괜찮습니다.

다만 걷기는 코스 선정에 주의해주세요. 보통 평탄한 코스를 고르곤 하는데, 오르막이 있는 곳을 헉헉거릴 정도의 속도로 걷는 것이 중요합니다. **다시 말하지만 걷기 자체로 근력을 붙이기는 어렵습니다. 그저 걷기만 해서는 러닝의 출발점에 다다를 수 없습니다.**

벅찰 정도의 언덕길을 갈 것, 그리고 속도를 올릴 것, 이 두 가지를 염두에 두고 1~2시간씩 걷는 것이 아니라 짧아도 좋으니 강도와 속도를 높이려고 해보세요.

제 아버지도 70세 무렵에 관상동맥 우회 수술을 받은 일을 계기로 운동을 시작했습니다. 원체 일밖에 몰라 운동과는 거리가 먼 사람이었지만, 의사에게 운동을 권유받아 재활 후 걷기 시작했죠. 그리고 88세인 지금도 매일 계속하고 있습니다. 45분에서 60분 정도, 처음에는 평탄한 코스로 시작해서 오르막을 오르고 이따금 가벼운 조깅도 하게 되었습니다.

계속 달리는 것이 아니라 길가에 선 나무를 목표로 '다음 나무까지 달리자'라며 한계를 설정합니다. 갈 때는 언덕길을 걸어 올라가고 내리막인 귀갓길에는 군데군데 조깅을 넣는 등 변화를 주면서요. 비가 퍼붓는 날을 빼고는 지속적으로 러닝하면서 건강하게 지내고 계십니다.

여기서 말하는 나이는 어디까지나 숫자의 구분에 불과하고 사람마다 다르니 우선은 자기 몸과 대화해보세요.

러닝뿐만 아니라 운동과 관련해 "무엇을 어느 정도로 시작하면 좋을까요?" 하는 질문을 받곤 합니다. 다만 데이터나 속성, 특징, 배경 등이 불분명한 상황에서 해답을 드리기에는 어려운 부분이 있습니다.

50대 이상은 '남은 인생이 길지 않다'고 여기는 분이 많아 매뉴얼을 요구하곤 합니다. 하지만 정답은 없습니다. 사람마다 다르다는 말을 다시금 덧붙이면서 달리기 위한 기초 다지기라고 할 수 있는 근력 증강에 대해 정리하면 다음과 같습니다.

50~60대

- **거의 걷지 않고 계단보다 에스컬레이터, 엘리베이터를 이용하는 사람**
→ 계단을 오르락내리락하거나 출퇴근할 때 빨리 걷기를 합시다.
- **평소에 계단으로 다니는 등 일상에서 운동을 하는 사람**
→ 집에서 상·하체 연동을 의식해 트레이닝합시다.
  어느 쪽이든 보름 정도 지나면 헬스클럽에 가서 안정적인 트레이닝을 받아도 좋습니다.

60~70대

- **은퇴하고 집에 머무는 시간이 많고 일과는 산책이 끝인 사람**
→ 1~2시간을 걸을 것이 아니라 단시간이라도 좋으니 가파른 언덕길을 오르거나 숨이 찰 정도로 빨리 걷기를 하는 습관을 들입시다.

습관으로 삼고 보름 정도 지나면 헬스클럽에 가서 안정적인 트레이닝을 받아도 좋습니다.

횟수나 소요 시간에 정해진 바는 없으나 세계보건기구가 권장하는 '일주일에 150분에서 300분 정도의 중강도의 유산소 운동'이라는 건강 기준에 비추어 보면, 일주일에 5일간 운동한다고 했을 때 하루에 30분에서 1시간 정도입니다.

중강도가 어느 정도인지 궁금하다면 44쪽에서 소개한 운동 자각도를 다시 살펴봐주세요. 가장 효과적으로 지방을 연소할 수 있는 것이 '중강도'입니다.

우선 30분 정도, 그냥 걷지 말고 계단을 오르내리거나 빨리 걷기를 하는 등의 운동을 기준으로 삼으면 좋겠습니다.

50대는 '근육 저축'부터, 70대는 걷기부터

Q13
50대 이상이 근육량이 늘고 있는지 알려면 어떻게 해야 좋을까요?

헬스클럽에는 인바디라는 측정기가 있는데, 집에서는 줄자를 사용해 근육을 측정할 수 있습니다. 측정 부위는 가장 재기 쉬운 허벅지면 되겠죠.

남성은 피하지방이 그리 많지 않으므로 기준이 되는 측정 위치를 정해주세요. **예를 들면 '허벅지에 있는 점' 같은 기준을 정하고 배 둘레나 허리를 재듯 허벅지의 같은 위치를 정기적으로 재면 근육량의 변화를 알 수 있습니다.**

저희가 고객을 상대할 때는 같은 조건에서 측정하는 것이 중요하지만, 개인이 할 때는 측정할 위치만 같게 하면 충분합니다. 일반적으로는 종아리로 측정하는데, 손가락으로 동그라미를 만들어 감싸 재는 방법입니다. 손가락으로 만든 동그라미의 크기는 변하지 않으니 이것도 하나의 기준이 되겠죠. 보통 손가락이 붙는 경우는 다리가 너무 가늘어 근육이 부족한 상태로 봅니다.

일단 근육량이 늘면 기초대사량도 높아지기 때문에, 조금 많이 먹어도 괜찮다는 반가운 신호이기도 합니다.

허벅지나 종아리 근육량은
집에서도 잴 수 있다

Q14
예전보다 술도 줄였는데, 근력 운동과 함께 식생활도 개선하는 편이 좋을까요?

'살을 빼고 싶다', '생활 습관병을 예방하고 싶다'처럼 건강을 러닝의 큰 목적 중 하나로 삼는 분이 많을 겁니다. 그런 목적이 있는 분들의 공통점은 칼로리 과잉인데, 답은 간단합니다.

칼로리 섭취량이 소모량을 웃돈다면 다음 단계로 넘어가서 아무리 달린들 다이어트도, 생활 습관병 예방도 할 수 없습니다.

또 영양소가 부족한 상태에서 운동하면 근육량이 부쩍 줄어듭니다. 60~70대에는 가뜩이나 입이 짧아지기 때문에 그 식습관 그대로 러닝에 임하면 단백질과 당질이 부족한 상태로 운동하게 될 수도 있습니다.

필요 없다고 오해하기 쉬운 당질은 몸을 움직이기 위해 지방을 태우는 에너지, 이른바 가솔린입니다. 특히 70대에는 근력을 얼마나 유지하는지가 큰 관건입니다.

건강을 생각해서 시작한 조촐한 식사가 역효과를 불러, 운동으로 근육을 만들려고 해도 오히려 줄고 마는 악순환에 빠집니다.

일본에는 정식이 있습니다. 밥 한 공기, 건더기 있는 된장국, 주요리와 곁들임 채소, 밑반찬으로 구성되죠. 평소에 이렇게 먹으면 칼로리 과잉이 될 일은 없습니다. 영양 균형도 맞출 수 있고요.

150~180g 정도의 밥에 채소나 해조류 등 건더기를 듬뿍 넣은 된장국, 주요리가 돼지고기 생강구이라면 양배추 등이 어울리겠네요. 밑반찬은 시금치 참깨 무침이나 우엉조림, 톳나물 등을 만들어 세끼 챙겨 먹으면 살찔 일은 없습니다.

이와 반대로 라면, 파스타, 빵만 먹는 단품 식사를 계속하면 균형이 무너집니다. 물론 면류 등을 절대 먹지 말라는 뜻이 아니라 1~2주에 1회 등으로 줄이자는 말입니다.

기본적으로 정식 상차림을 먹는다고 생각하면 2개월 정도면 달리기 위한 식생활 기반이 갖추어집니다.

무너진 식생활은 밥, 국,
반찬으로 바로잡는다

Q15
새벽에 잠이 깨곤 해 수면의 질이 떨어지는 것 같은 느낌입니다. 수면은 운동에 중요한가요?

수면은 성장호르몬 분비를 촉진합니다. 잠을 자는 동안 우리 몸은 운동하며 고장 난 부분을 되돌리고 회복을 되풀이합니다.

분비 작용이 절정을 맞이하는 때가 잠든 후 30분경으로, 그때부터는 성장호르몬을 내보내는데, 이것이 바로 수면의 기본 메커니즘입니다.

운동으로 상처 난 근육을 회복하면서 근육 자체도 느는 것과 반대로 수면 시간이 짧으면 총 분비량이 줄어 몸의 회복이 잘 이루어지지 않습니다. **자율신경의 기능이 약해지는 것도 나이가 들수록 수면의 질이 떨어지는 원인 중 하나입니다.** 그 요인은 앞에서도 말했다시피 운동 부족, 비만, 흡연입니다.

자율신경의 기능이 약화되면 부교감신경으로 잘 전환되지 않아 뜬눈으로 밤을 새우기 쉬운데, 운동 부족이라는 요인을 해소할 수 있는 것이 러닝입니다. 운동을 하면 자율신경의 기능이 좋아져서 잠을 잘 잘 수 있게 됩니다.

우선 그 효과를 제대로 보기 위해 준비 기간에 적절한 수면 시간을 확보하도록 의식해 실천합시다.

자기 직전에는 스마트폰을 내려놓고
운동을 위해 적절한 수면 시간을 확보한다

4장

러닝을 습관으로 만들려면

Q16
처음 달릴 때는 시간을 얼마나 들이면 좋을까요? 또 휴식을 취하는 법은요?

1개월에서 2개월이면 준비 기간이 종료됩니다. 그러고 난 뒤 74~75쪽 그림에 있는 '습관화 기간' 과정으로 들어갑니다. 본격적으로 달리기 전에 무엇을 생각하면 좋을까요?

거리나 시간이라는 목적과는 별도로 러닝의 첫 단추로서 우선 '습관화'를 생각하세요. 러닝을 시작했다고 해도 1개월에 한 번 달려서는 몸이 반응하지 않습니다. 그것은 이벤트에 불과하죠.

주 2회에서 3회 달린다고 하면, 아침에 눈을 떠 양치하거나 세수하듯 저절로 행하는 규칙으로 만들어야 합니다. **첫 2주간은 우선 이 '습관화'만 생각합시다.**

언제, 얼마나 달리는 것이 자신에게 맞는가. 그 타이밍에 달려서 몸에 무리가 가지 않는가. 이 단계에서 매뉴얼대로 계획을 세웠다가는 얼마 못 가 그만두는 원인이 되므로 두루두루 궁리해서 자기 성향과 몸 상태, 생활 리듬에 맞는 습관을 찾아냅시다. 거기서부터 러닝을 '일상화'하는 것이 시작됩니다.

달리는 시간은 언제일까. 아침일까 밤일까. 아니면 점심시간일까. 달리는 요일은? 평일일까, 주말일까. 저마다 업무나 하루의 리듬이 다르죠. 그러므로 **어느 시간이 좋은지는 둘째 문제고, 자신이 언제 운동해야 상쾌하고 힘들지 않은지 알아내기 위해 일정한 규칙으로 적어도 2주간 계속해주세요.** 습관으로 자리 잡아 그 시간에 달리지 않아 몸이 개운하지 않다면 일상화되기 시작한다는 의미입니다.

처음에는 걷는 것이 좋다는 입문서도 있는데, 각자의 능력이나 나이에 따라서도 다르겠지만 달릴 수 있다면 달리는 것이 낫다고 봅니다.

달리는 횟수와 휴식의 기준을 자주 물어보시는데, 후생노동성이 기준으로 삼는 '1회 30분 이상·주 2회 이상[8]'을 원칙으로 하면 어떨까요?

주 2일이라고 해도 몰아서 달릴 필요는 없고 이틀에 한 번 등 자기의 생활 리듬과 업무 일정에 맞게 결정하면 됩니다.

거듭 말하지만, 이 단계에서의 '습관화'는 그저 기존의 루틴에 러닝을 추가한다는 느낌으로 하면 좋을 것 같습니다.

'습관화'의 실마리는
스스로 찾아나가자

Q17
1회당 주행거리는 어떻게 정하면 좋을까요. 10km를 목표로 삼는 것이 좋은가요?

 거리도 과하지 않게끔, 그야말로 몸과의 대화를 소중히 해보세요. 1km에서 2km, 그다음에 3km에서 5km로 늘려나가는 게 좋습니다. 그렇게 해서 10km를 목표로 삼습니다.

 에너지 소비량(kcal)의 계산 공식은 앞서 서술한 대로 '몸무게(kg)×거리(km)'이기에 70kg인 남성이 10km를 달리면 대략 700kcal를 연소합니다.

 예를 들어 다이어트를 목적으로 시작할 때, 1회에 100kcal를 소비해서는 고지에 도달할 수 없겠죠. 그러다 700kcal쯤 되면 지방이 연소되기 시작하고 과식을 해도 살이 찌지 않게 됩니다. 700kcal가 어느 정도냐 하면 커피 체인점 '스타벅스'의 초

초콜릿 케이크가 1조각에 약 400kcal, 시판되는 표준 크기의 포테이토 칩 1봉지가 약 300kcal입니다.

이 두 가지를 먹으면 죄책감이 밀려오겠죠. 이 둘을 동시에 먹어도 없던 일로 할 수 있는 것이 10km라는 숫자인 셈입니다. 즉 그만큼은 분발해야 성공한다는 뜻입니다.

100kcal라면 카페라테만 마셔도 벌써 마이너스니까요. 초콜릿 케이크와 포테이토 칩의 칼로리는 하나의 예지만, 평소 먹는 식사나 디저트 등의 칼로리를 기억해두고 자신이 달려서 소비하는 칼로리와 저울질하는 습관을 들이는 것도 목표를 달성하는 데 유용하리라 봅니다.

처음부터 10km를 달리는 것은 무리이기 때문에 그저 하나의 목표로 생각하면 됩니다. 습관화의 시작은 1km라도 좋고 꼭 매일 늘리지 않아도 됩니다. 다만 앞서 적었듯이 심폐 기능은 일찌감치 좋아지므로 주 단위로 거리를 늘려나갑시다. 효과를 실감하면 꾸준히 할 수 있는 원동력이 되니까요.

초콜릿 케이크와 포테이토 칩의 칼로리 소비를
겨냥하자

Q18
전문점에 가면 운동용품이 많아서 선택하기 힘듭니다. 좋은 옷과 신발 고르는 법이 있나요?

움직이는 데 지장만 없다면 달릴 때 입는 옷차림은 마음에 드는 대로 하면 됩니다. 여름에는 속건성과 통기성이 탁월해 쾌적하게 달릴 수 있는 옷을 고릅니다. 밤에 러닝을 할 때는 반사 소재가 붙은 옷이나 컬러풀한 옷을 입어야 안전하게 달릴 수 있습니다.

신발은 어느 정도 값나가는 것으로 고르세요. 잘 알려져 있듯 러닝은 몸무게의 3배가량의 하중을 다리에 싣는 운동입니다. 일정한 레벨의 러닝화는 그 충격을 누그러뜨리는 완충재를 갖추고 있습니다.

최저한의 기능을 갖춘 러닝화는 1만 5,000엔* 전후입니다. 아울러 마음에 드는 신발을 보면 잘 달리고 싶다는 동기부여로도 이어집니다. **그리고 가장 중요한 것은 디자인보다도 자신의 달리기 수준에 맞는 신발을 고르는 일입니다.**

일상생활보다 훨씬 장거리에서 사용하기에 사이즈와 착용감이 중요하다는 점은 말할 필요도 없겠죠. 인터넷에서 사지 말고 매장에서 직원의 조언을 들으며 직접 신고 걸어보면서 가장 알맞은 신발을 결정하세요.

내 발에 꼭 맞는 신발을 고르면 그것만으로 발놀림이 다르고 기분이 좋습니다. 특히 힐을 신는 여성분 중에는 '신발이 이렇게 편하다니'라고 깨닫는 것만으로 달릴 의욕이 나는 경우도 있습니다. 요즘 신발은 발이 앞으로 잘 나가도록 밑창 앞코가 들려 있거나 쿠션이 내장되어 있어 쾌적하고 실용적입니다.

저렴한 러닝화는 고르지 않는다

---

* 한화 약 15만 원

신발 선택 포인트

딱 맞는가
반드시 매장에서 신어보고 발 전체를 감싸주는 느낌이 나는 신발을 고른다. 신발 끈을 너무 꽉 졸라매면 피가 통하지 않으므로 주의하자.

충격 흡수 기능이 있는가
일반 스니커즈는 고무와 깔창이 두껍지 않고 기능이 없는 탓에 무릎이나 관절에 충격을 줄 위험이 크다.

가볍다고 무작정 고르지 말 것
상급자나 육상 선수용 신발일수록 가벼운데, 아직 근육이 부족하고 트레이닝을 시작하기 전이라면 충격 흡수와 안정성을 중시하자.

밑창의 생김새는 적절한가
메마른 아스팔트 위를 달리는 것을 전제로 한 신발 밑창은 미끄러우므로 돌기가 있는 전천후용이 무난하다.

신어볼 수 있는가
사이즈나 모양은 브랜드마다 다르므로 매장에서 실제로 신어본다.

익숙한 브랜드라도 방심하지 말 것
같은 브랜드라도 제품에 따라 착용감이 천차만별이니, 많이 신어 비교하는 것이 가장 좋다.

Q19
마라톤이나 역전 경주 중계를 보면 자세가 가지각색입니다. 올바른 자세는 무엇인가요?

이제 막 달리는 단계에서는 자세를 별로 언급하지 않으려 합니다. "이렇게 하세요"라고 말하면 어렵다는 생각이 커져 역효과가 나기 때문이죠.

다만 '하지 않는 편이 나은' 자세는 있으므로 여기서는 그것을 짚고 넘어가겠습니다. 그중 하나가 '발꿈치부터 착지하기'입니다. 구태여 발꿈치부터 착지하려면 발부리를 들어야 하는데 장딴지 근육에 유연성이 없으면 올라가지 않습니다. 발부리를 들 때 사용하는 정강이 근육은 나이를 먹을수록 쉽게 약해지고 뒤쪽인 장딴지 근육은 잘 굳습니다.

그 탓에 나이가 들수록 발부리를 들기 어려워져서 발이 걸려 넘어지기 쉽습니다. **따라서 근육이 약하고 뻣뻣한 중년 이상의 러너는 발꿈치부터 닿지 않고 발의 중심부인 발바닥으로 착지하려고 의식하는 것이 중요합니다.** 발부리는 자꾸만 걸리고 발꿈치는 앞서 말한 폐해가 있기 때문이죠.

여성은 높은 굽을 신는 습관 때문에 발부리로 착지하기 일쑤여서 조하혈종, 즉 발톱이 검붉어지는 현상이 생깁니다.

팔은 이론적으로는 앞뒤로 흔드는 것이 자연스럽고 앞으로 흔드는 것이 추진력은 붙지만, 시드니 올림픽 금메달리스트인 다카하시 나오코 선수는 팔을 옆으로 흔들면서도 잘 달렸습니다.

무리하게 팔을 앞으로 흔들려고 한다거나 발을 뻗으려고 의식하지 말고, 처음에는 몸이 가는 대로 움직이는 것이 좋습니다.

달리는 자세는 신발 뒤창으로 어느 정도 미루어 알 수 있습니다. 보통 발꿈치 바깥쪽이 닳는데, 안쪽이 닳는다면 무릎에 부담을 주는 자세를 취하고 있다는 뜻입니다. 통상적으로는 밖에서 안으로 힘이 더해집니다.

신발은 1주나 2주에는 변형되지 않지만, 발에 물집이 잡히는 모양새로도 짐작할 수 있습니다. 이 또한 1개월 정도는 달려야 생기니 달리는 자세를 알려주는 지표 역할을 할 수 있을 듯합니다.

특유의 움직임으로 어떤 곳에 통증이 생긴다면 고민해봐야 하겠지만, 버릇이 있다고 반드시 나쁜 것은 아닙니다. 뭔가 버릇이 있다면 거리를 늘려갈 때 약점이 될 수도 있으나 그 역시 긴 거리를 달려봐야 비로소 알 수 있습니다.

거꾸로 말하면 부상으로 이어지는 약점을 발견하기 위해 긴 거리를 달린다는 뜻이죠. '이대로 거리를 늘려가면 이렇게 될지도 모른다' 하고 예측은 할 수 있습니다. 전문 트레이너는 그 예측을 굉장히 잘합니다.

시작 단계에서 자세는 의식할 필요 없고,
무리한 발꿈치 착지는 삼간다

Q20
러닝은 무릎이나 관절의 통증을 일으키기 쉽다고 하던데, 통증 구분법이나 신호는 무엇인가요?

근육의 토대를 다져 달리기 시작했지만 설사 1km라도 통증이나 불편감 같은 신호가 올 때가 있습니다. **다 그런 것은 아니지만 양다리, 예를 들면 무릎이나 발목에 생기는 통증은 그다지 걱정할 필요는 없습니다.** 근육을 써서 생긴 통증이나 양쪽 허리와 어깨가 땅기는 것 또한 신경 쓰지 않아도 됩니다.

반면 한쪽에 생기는 통증은 염려스럽습니다. 고관절이나 발목 등 주로 관절 주변에 생기는 통증은 내부 조직인 인대나 연골, 힘줄 등과 연관될 가능성이 있습니다. 그럴 경우는 근처에 회복 물질을 나르는 통로인 혈관이 없을 때가 많아서 자연스레 낫기는 어렵습니다.

다만 한쪽이어도 근육뿐인 부위, 가령 장딴지나 허벅지도 가운데에는 혈관이 있기 때문에 대체로 저절로 치유되는 경우가 많습니다. 또 달리기 시작할 때 조금 불편하게 느껴졌다가 움직이면서 사라지는 통증 역시 걱정하지 않아도 되지만, **움직일수록 통증이 심해진다면 위험한 신호입니다.** 그럴 때는 달리기를 중단하고 의사나 트레이너 등 전문가와 상담해보세요.

양쪽 다리보다 한쪽 다리의 통증이 위험하다

Q21
여름 무렵에는 수영장에 다니고 있습니다. 러닝과 수영을 같이 해도 될까요?

러닝과 수압으로 신진대사 향상 효과를 기대할 수 있는 수영의 차이는 중력의 영향을 받느냐 받지 않느냐입니다. 같은 유산소 운동이라 둘을 병행하는 분이 많은데, 수영은 부력이 있는 탓에 뼈를 튼튼하게 하는 효과는 러닝만 못합니다.

나이가 들어 뼈가 약해지는 이유 중 하나가 식생활의 변화입니다. 여성은 여성호르몬의 작용도 크지만, 일반적으로 말하면 뼈는 주기적으로 자극을 주어야 튼튼해집니다. 뼈를 강화하려면 칼슘이나 무기질과 같은 성분이 필요한데, 식사가 단출해질수록 그런 영양소가 부족해져 뼈가 약해집니다. 뼈가 약해지면 골절 위험이 높아질 뿐 아니라 관절통의 원인이 되기도 해서 결국 근력이나 체력이 저하되는 악순환에 빠지죠.

많은 고령 여성분이 수영장을 선호하는 이유는 몸무게가 나가도 부력 때문에 편안해지기 때문입니다. 수월하게 운동할 수 있어 성취감이 들죠. 그러나 물속에서는 뼈에 가해지는 자극이 부족하기에 웬만하면 나이가 들수록 땅 위에서의 충격도 함께 주는 편이 좋습니다. 러닝과 수영을 병행하는 것이 바람직하다는 이유입니다.

가장 좋은 것은 하루에 30분 달리고 30분 수영하는 크로스 트레이닝입니다. 기분을 전환하는 의미로서도 효과적이라고 할 수 있습니다.

이상적인 밸런스는
'달리기와 수영'을 30분씩 하는 것

Q22
러닝 전후로 몸을 풀거나 덥히는 스트레칭은 필요 없나요?

 달리기 전에 몸을 덥히는 동적 스트레칭도 필요하고 가능하면 몸통 운동도 하면 좋겠지만, 여기서는 거기까지 다루지는 않겠습니다. 아직 러닝에 익숙지 않은 분에게 1km를 달리기에 앞서 먼저 30분가량 동적 스트레칭을 하고, 달리고 나서는 몸통 스트레칭을 하라고 요구하면 자칫 러닝을 그만둘 구실이 될 수도 있기 때문이죠.

 1km나 2km를 달릴 때는 다칠 일이 거의 없습니다. **이후 점점 거리를 늘리면서 피로가 좀처럼 가시지 않는다거나 몸이 아프다는 신호를 느낄 때는 스스로의 판단에 따라 스트레칭을 하면 됩니다.** 10km 이상 달릴 수 있게 되면서 하는 편이 좋겠다고 느꼈을

때 비로소 적극적으로 하게 될 테니까요.

예전에 제가 쓴 책 《운동 전 스트레칭은 그만두세요-다치지 않고 굳은 몸을 푸는 효과 2배 메소드*》에 '걷기에도 러닝에도 일단 워밍업은 필요 없다'라고 썼는데, DM(다이렉트 메시지)으로 '마음이 편해졌습니다', '정말 기뻤어요'라는 의견을 보내오는 분이 여럿 있었습니다.

러닝을 '일상화'해 본격적으로 달리기 시작한 단계에서 하면 효과적인 스트레칭에 대해서는 9장에서 설명하겠습니다.

스트레칭은 처음에는 불필요하니,
필요할 때 하면 된다

---

* 국내 미발간.

5장

더 나아가 일상으로 만들려면

Q23
월간 200km가 기준이라고 하던데, 달리기를 일상화하려면 얼마만큼의 시간과 거리로 달리면 좋을까요?

200km는 목표치라기보다 위험 지대를 가리키는 숫자입니다. 월간 주행거리가 200km를 넘으면 장애 발생률이 단숨에 80% 정도로 높아진다는 데이터가 있기 때문이죠. **즉 200km 선을 넘긴 대부분이 몸 어딘가를 부상당한 채 달린다는 말이 됩니다.** 신체 부위로 말하면 '투 톱'인 허리와 무릎을 다칠 위험이 있습니다. 일류 선수라면 모를까, 오버 트레이닝 범주를 넘어선 '과한 달리기'입니다.

보유 기록이야 어떻든 풀코스 마라톤을 여러 번 소화한 분, 혹은 앞으로도 달릴 체력과 자신이 있는 분이라면 그 페이스를 유지하기 위한 기준은 월간 80~100km 정도입니다. 1개월에 이 거리의 범위를 달린다면 최소한 풀코스 마라톤을 완주할 힘은 지킬 수 있습니다.

50대에서 60대 이상인 러너는 나이가 듦에 따라 두 단계로 거리를 나누어보면 어떨까요. 우선, 월간 100km 전후를 꾸준히 달리는 러너라면 80~100km를 첫 단계로 설정해 지속하다가 5년 후나 10년 후 체력이 떨어질 때 60~80km로 줄입니다.

그것도 힘들다면 40km로 줄이세요. 1개월에 4일간 달린다면 하루에 10km 정도가 됩니다.

어디에서 단계를 전환할지가 관건인데, 일상적으로 할 수 있는 확률이 '50%'라는 선에 놓아봅시다. 예를 들어 80km라는 목표를 잡아 1개월 해보고 첫달은 할 수 있었는데 다음 달은 벅찼다면 목표를 60km 정도로 낮추는 것이 좋겠죠.

러닝은 지구력을 단련하는 운동입니다. 심장이나 폐의 기능을 돕는 심폐 지구력은 50대부터는 어느 정도 힘을 가하지 않으면 쇠약해집니다. 따라서 이 힘을 유지해나가려면 일정한 거리를 달려야 합니다. 5분이나 10분으로는 지속력을 기를 수 없고, 20분에서 30분 이상의 꾸준한 운동이 효과적입니다.

달리는 속도를 의식할 필요는 없으나 기준은 월간 80~100km를 목표로, 하루 30분 정도를 꾸준히 달리는 것입니다. 이 정도를 지속한다고 생각하면 자연히 자신이 달리는 속도의 기준이 나오지 않을

까요.

지나치게 많이 달리면 신체적인 부상을 입을 뿐만 아니라 다른 탈도 생깁니다. 지금보다 약간 높게 목표를 잡는 것은 중요하지만, 나이를 먹었는데도 같은 목표를 달성하려 하면 '실패 경험'을 거듭해 자신감을 잃을 위험이 있습니다.

의욕이 꺾여버리면 무슨 소용이겠습니까. 적절한 거리를 설정하고 상황에 따라서는 낮출 줄 아는 지혜를 발휘해야 합니다.

월간 200km는 위험 지대,
80~100km를 지향하자

Q24
통증이나 불편감이 있을 때 냉찜질하는 법과 관절을 지탱하는 보호대 사용법을 알려주세요.

　냉찜질은 러닝 중 불편한 느낌이나 통증이 있을 때 효과적인 조치이고, 러닝 후 관리에도 더없이 큰 도움이 됩니다. 육상선수가 경기 중 접질리거나 근육이 찢어진 것으로 보일 때 이루어지는 처치를 RICE 요법이라고 합니다. R은 안정(Rest), I는 냉각(Ice), C는 압박(Compression), E는 거상(Elevation)을 가리킵니다. 이 중 I가 말 그대로 얼음을 사용해 환부를 식히는 냉찜질입니다.

　러닝을 하다가 발을 삐었을 때 얼음주머니가 없다면 식품 보관용 봉투나 2장 겹친 비닐봉지에 얼음과 소량의 물을 넣어 통증이 있는 곳에 대주세요.

전문가 사이에서는 '증상이 느껴지면 1초라도 빨리 식혀라'가 정설입니다. 냉찜질과 동시에 움직이지 않고(R), 환부를 수건 등으로 고정해(C), 의자 등 높이가 있는 곳에 올리면(E) 더 좋겠죠.

이 네 가지를 기억해두면 다른 스포츠를 할 때도 쓸모가 있습니다. 또 러닝할 때는 집에서 비닐봉지를 2장 이상 챙기거나 장거리 달리기용 가방에 지퍼 백을 넣어두면 발 빠르게 대응할 수 있습니다.

적절하게 처치하면 다음 날 통증이 씻은 듯이 사라지기도 합니다. 반대로 방치하면 죽어가는 세포의 수가 점점 늘어 저산소증이 일어나 회복되지 않을 우려도 있습니다. 냉찜질로 부차적인 장애를 막을 수 있는 것이죠.

또 손상된 세포를 차차 되돌리는 속도를 앞당기기 위해 러닝 후에는 근육을 식히는 것도 효과적입니다. 장딴지, 넓적다리 주위, 엉덩이 등 뻐근하다고 느끼는 부위를 얼음주머니로 20분가량 식혀줍시다. 문자 그대로 쿨다운을 하면 다음 날 피로를 느끼는 정도가 완전히 다를 겁니다.

보호대는 근육량이 감소하거나 부족할 때 관절을 잡아주려는 의도에는 부합하나 일반적인 천 보호대의 효과는 그리 크지 않습니다. 인대 파열 같은 부상을 보완하고 싶다면 와이어가 든 보조기로 고정해야 하는데, 천은 강도가 낮을 때가 많습니다.

전문 브랜드와 함께 육상 선수용 제품 개발에 관여한 적이 있는데, 그때 조사한 바로는 관절을 충분히 고정해 안정시키려면 적어도 70hPa쯤 되는 강도로 압박해야 한다고 합니다.

여러분이 시중에서 구할 수 있는 천 보호대는 40hPa 정도의 강도밖에 되지 않습니다. 그저 응급처치로서, 또는 심적으로 안심이 된다면 써도 되겠지만 효과를 바란다면 시판 제품이라도 와이어가 든 고강도 보호대가 필요합니다.

냉찜질은 필수,
보호대는 고강도 보호대로

Q25

**거리와 시간을 내기 위한
올바른 자세를 알려주세요.
신경 쓰지 않아도 된다고 하셨는데,
막상 달리려고 하니 자꾸만 마음에 걸려서요.**

달리는 법에 정답은 없기에 그림으로 설명하는 것은 큰 의미가 없다고 생각합니다. 실제로 그림을 확인하면서 달릴 수는 없으니까요. 다만 '바른 자세로', '앞을 보고'라는 기본 외에 몇 가지 포인트를 알려드릴 수는 있습니다.

- **초등학교 때 해본 행진처럼 일정한 리듬을 염두에 두고 달리세요.** 발부리가 진행 방향을 향하도록 신경 써서 달리면 정확히 발바닥으로 노면을 디디는 안정적인 자세가 몸에 붙어 보폭도 고르게 됩니다.
- **허리 높이를 일정하게 유지하도록 유념하세요.** 점프하듯 달리

거나 자세를 고정하겠다고 허리를 낮추지 말고, 자연스럽게 움직이는 가운데 허리의 위치를 잡으세요.

• **어깨에서 힘을 빼고 자연스러운 위치에 두세요**. 일류 선수 중에도 어깨 힘을 빼고 달리는 모습을 볼 수 있는데, 어깨에 힘이 들어가 있으면 팔놀림도 부자연스러워지고 호흡도 힘들어집니다.

• **시선은 항상 전방을 향하세요**. 턱을 조금 당기는 정도로 하면 딱 알맞겠습니다. 아래를 보고 달리면 일류 선수라도 자세를 무너뜨리는 원인이 됩니다.

• **주먹은 가볍게 쥐세요**. 세게 쥐거나 반대로 펼치지 말고, 늘 하듯 자연스러운 모양으로 달립시다.

• 팔을 움직이는 법에 정해진 바는 없으나 **팔꿈치는 90도 정도로 구부리고 허리 위치에서 리드미컬하게 앞뒤로 흔드세요**.

• **발꿈치가 아니라 발바닥으로 착지한다고 생각하며 달리세요**.

이상은 참고할 정도의 포인트인 만큼 일상화하는 과정에서 자신이 달리기 수월한 자세를 습득하세요. '최적의 자세'란 러너 각자에게 맞는 자세입니다.

'자연스럽게'가 기본, 자세는 스스로 만들자

Q26
목표를 잡고 달린다든가 좋아하는 장소를 결승점으로 삼는다든가, 오래도록 달리기 위한 코스 선정 요령이 있나요?

 심리학적인 사고방식으로 말하면 러닝을 꾸준히 하기 위해서는 '1'이나 '0'이라는 선택지뿐 아니라 '0.5'나 '0.3'이라는 선택지도 마련해두는 것이 중요합니다.

 이를테면 러닝을 하려고 했는데 업무 때문에 좀 늦은 경우 러닝에 할애할 수 있는 시간이 1시간도 채 안 되어, 평소 10km를 달리는 사람 입장으로는 조금 부족하다 싶을 때 어떻게 할까요.

 '하지 말자'를 택하는 것이 '0'이지만 그러면 '달리지 못했어'라는 실패 경험으로 이어지고 맙니다. 그러나 이럴 때도 1시간 이내로 돌아올 수 있는 코스 등 여러모로 준비되어 있다면 '0.5'라는 대안을 고를

수 있습니다.

저도 집에서 달리기 시작해 조금 가면 갈림길이 나와서 오른쪽으로 가면 12km, 왼쪽으로 가면 5km 조금 덜 되는 선택지가 있습니다. 집을 나설 때 날씨나 기온, 몸 컨디션에 따라 결정할 수 있다는 것만으로 마음가짐이 달라집니다. 그것이 있으니까 일단 집을 나설 수 있고 결과적으로 '0'이 되지는 않는 셈이죠.

한곳을 빙 도느냐 왕복하느냐 중 전자는 도중에 그만둘 명목이 생길 수가 있습니다. 지속성이라는 면에서 보자면 왕복 코스를 택하는 편이 낫겠죠. 가면 돌아올 수밖에 없으니까요.

이 선택지에는 보상 측면도 있어 목적지에 무엇인가가 있다면 달리는 동기를 더해주기도 합니다. 특히 성미가 급하고 합리적인 사람은 달리기도 하고 다른 일도 하는 일거양득을 즐기는 경향이 있죠. 저는 카페를 좋아해서 휴일에는 새 카페를 찾아 그곳을 목표로 달릴 때도 많습니다.

다만 날씨가 좋지 않은 장마철이나 컨디션이 좋지 않은 날이 많은 시니어 세대에게는 도중에 그만둘 결단을 내릴 수 있는 주회 코스[*]가 더 나을지도 모르겠네요.

---

[*] 같은 코스를 몇 번이나 반복해서 달리는 코스. 경기장의 트랙이 대표적이다.

코스는 여러 개 가운데 고르고 '0.5'도 준비한다

Q27
달리기는 아침과 밤, 언제 하는 게 좋나요? 또 밥 먹기 전과 후 중에는 언제가 좋은가요?

저를 예로 들면 한밤중이라도 업무를 모두 매듭짓고 나야 기분 좋게 달릴 수 있다고 느낍니다. 일이 남아 있다고 생각하면 불안하거든요. 그래서 밤 11시 30분도 자정도 좋으니 '오늘 할 수 있는 일은 다 했다, 요만큼도 남기지 않았어'라는 상태가 되어야 비로소 달리고픈 마음이 듭니다.

주말이라도 '그 일이 덜 끝났네'라든가 '그 답장을 안 했군' 하고 마음에 걸리는 부분이 있으면 홀가분하게 달릴 수 없습니다. 이처럼 저마다 상쾌하게 달릴 수 있는 타이밍은 다릅니다.

아침에 달리는 것, 저녁이나 밤에 달리는 것에는 각각 장단점이 있습니다.

자율신경에 교감신경과 부교감신경이 있다는 것은 수면 효과를 이야기할 때 설명했는데, 밤에 잠들기 전에 달리면 교감신경이 우세해져 잘 못 자는 사람은 아침에 달리는 것이 낫겠죠.

밥 먹고 나서 달릴지 먹기 전에 달릴지 하는 질문의 답이기도 한데, 아침을 먹기 전에 달리면 공복이라서 몸속 체지방을 태우기 쉬우므로 다이어트에 유리합니다.

한편 저녁을 든든히 먹고 후식까지 챙기고 싶다면 고당질 식사가 지방으로 바뀌기 전에 에너지로 사용될 수 있도록 저녁 식사 후 달리는 것이 좋습니다. 또 낮 동안 책상에서 사무를 보거나 내내 서서 일하던 사람은 붓기 쉬우므로 다리 근육을 펌프질해 정맥 환류*의 순환을 촉진하는 의미에서 저녁에 러닝을 하면 개운하겠죠. 일을 마친 뒤에 달려도 도움이 될 수 있습니다.

아침 러닝은 빈속으로 달리다 보니 에너지가 부족하다고 느낄 수 있는데 약간 보충하고 싶다면 간로 사탕**을 추천합니다. 간로 사탕은 조청, 식염, 설탕, 간장만 들어 있고 당분과 소금을 효과적으로 섭취할 수 있는 데다 입안에 오래 넣어둘 수 있어

---

* 정맥을 통해 심장으로 되돌아가는 혈액의 흐름
** 일본 사탕 회사 '간로'에서 만드는 알사탕

서 좋습니다.

요즘에는 인공감미료를 넣은 사탕도 많아 좋고 나쁨을 떠나서 당분을 섭취할 수 없습니다. 그러므로 간로 사탕처럼 설탕이 적당히 들어간 것을 고르세요. 초콜릿처럼 지방이 많은 것은 에너지가 되기까지 시간이 걸리기 때문에 추천하지 않습니다.

또 밤사이 체내의 수분이 빠져나간 상태이므로 아침 러닝 전에 물을 마시세요. 더불어 하루의 시작이라 근육이 굳어 있으니 갑자기 속도를 내지 말고 걸으면서 시작합시다.

> 다이어트 효과는 아침저녁 모두 유효,
> 아침이냐 밤이냐는 성격과 체질에 맞게

Q28
달리기 전, 도중, 종료 후 중 언제 수분을 보충하는 것이 가장 좋은가요?

기본적으로 수분 보충은 1km나 2km 정도라면 필요 없으나 기온이 높거나 장거리를 달린다면 필요합니다. 특히 시니어 세대는 체내 수분 함량이 부족하기에 의식적으로 수분을 보충해야 하죠.

시니어 세대가 탈수를 잘 일으키는 것은 체내 수분 보존 능력이 떨어지기 때문입니다. 사람은 갓난아이 때는 인체의 75%가량이 수분으로 이루어져 있으나 성인 남성은 70% 정도이며, 60대에 이르면 40% 수준으로 떨어집니다.

따라서 40~50대에 '이 정도 기온에는 이만큼 달려도 괜찮아'라고 느꼈던 기준을 20년 후에 그대로 대입하면 탈수 증상이 일어납니다. 수분이 부족한 몸에는 되도록 수분을 공급해야 하죠.

주의할 것은 수분은 목이 마르다고 느끼기 전에 공급해야 한다는 점입니다. 갈증을 느낀다는 것은 이미 가벼운 탈수 증상이 일어났다는 신호이기 때문입니다.

수분을 섭취하지 않으면 혈중 수분 함량이 감소하기에 혈액량이 적어집니다. 그 상태에서 고강도 운동을 하면 적은 혈액으로 몸을 움직여야 해서 심장박동이 빨라집니다. 달리면서 벅차다거나 숨이 가쁘다고 느낀다면 체력 문제가 아니라 탈수 증상이 나타났다는 신호일 수도 있다는 사실을 기억하세요.

사람이 몸을 움직일 때는 근육의 수축을 일으키는 신호를 내보내기 위해 전해질을 사용하는데, 물만 마시면 혈중 전해질 농도가 낮아집니다. 그런 상태에서 맹물만 마시면 섭취량만큼 전해질이 부족해져 경련으로 이어지기도 합니다. 사우나에 들어갔을 때는 물만으로도 수분이 보충되지만, 근육을 움직여 땀을 흘릴 때는 전해질이 함유된 이온 음료가 도움이 됩니다.

이를 참고해 물과 이온 음료를 잘 활용해 여름을 이겨냅시다. 더불어 단백질 음료나 에너지 젤리는 어디까지나 건강 기능 식품이고 주식을 보충하는 역할을 할 뿐임을 잊지 마세요.

단백질은 한 끼에 30g 이상 먹으면 흡수되지 않아 배설되고 맙니다. 보통의 정식 상차림에 단백질이 20~25g 정도 함유되어 있고 거기에 단백질 음료를 추가로 마신다고 하면 다 합쳐 40g 정도가 되는데, 그중 10g 정도는 흡수되지 않아 무의미해집니다.

다만 오른쪽 페이지의 그림을 보면 혈당치는 식후 3시간 만에 분해 모드로 들어감을 알 수 있습니다. 아침 식사 후 절정을 이루는 것은 식후 1시간에서 90분 정도이고, 거기에서 떨어지는 타이밍이 식후 3시간입니다.

이때 달리면 근육이 감소하니 바로 원기를 보충해야 합니다. 그 타이밍에 에너지 젤리를 먹으면 좋습니다.

물과 이온 음료를 적절하게,
원기 보충은 식후 3시간이 굿 타이밍

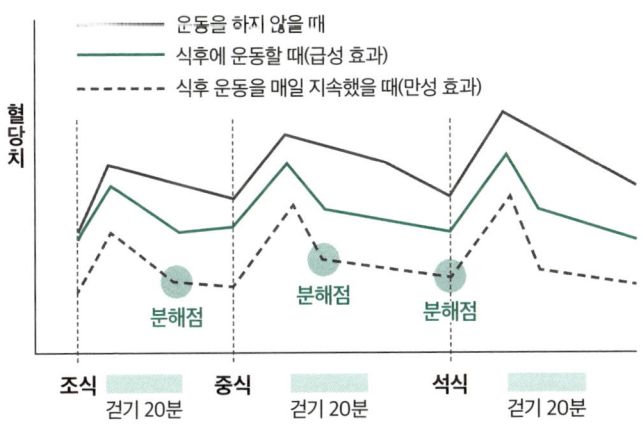

인용: 나카노 제임스 슈이치 저, 다바타 쇼고 감수, 김현정 역 《의사에게 '운동하세요'라는 말을 들었을 때 제일 처음 읽는 책》(북라이프, 2019)

Q29
봄에서 여름은 땀을 많이 흘리며 달리게 되는데, 열사병을 예방하려면 어떤 점을 유의해야 할까요?

열사병이 일어나는 것은 체온이 잘 조절되지 않기 때문입니다. 체온 조절을 담당하는 것은 자율신경인데, 나이가 들수록 더울 때 체온을 낮추는 시스템이 잘 작동하지 않게 됩니다.

자율신경이 제대로 기능하게 하려면 적당한 운동이 필요하기에 러닝을 하면 그 기능을 유지하고 더위에도 강해질 수 있습니다. 다만 그 전에 러닝으로 열사병에 걸리면 본전도 못 건지겠죠.

먼저 더운 날씨에 러닝을 할 때 일어날 수 있는 증상은 앞에서도 언급한 탈수입니다. 직사광선을 피해 모자를 쓰고 옷도 통풍이 잘되는 것으로 고르는 등 젊은 러너에 비해 더 주의가 필요합니다.

또 하나는 부지런하게 땀을 닦는 일입니다. 모공에 땀이 고여 있으면 배출이 원활하게 이루어지지 않아 체온 조절을 방해하기 때문입니다.

식사도 중요합니다. 일반적으로 당질 1g에 수분 3g이 흡착되는데, **끼니를 거르는 사람은 탈수 증상을 일으키기 쉬우니 더운 여름일수록 밥을 꼬박꼬박 챙겨 먹어야 합니다.**

달리다가 머리가 핑 돌면 '더워서 그런가?', '열사병인가?' 하는 생각이 들 겁니다. 현기증이나 어지럼증에는 질환이 숨어 있을 가능성이 높으니 가볍게 여기지 말고, 병원을 찾길 바랍니다.

또 여름에 운동을 시작하면 빈혈이 생기기 쉬우니 이 점에도 유의해야 합니다. 육상 선수도 마찬가지인데, 여름철에 입맛이 없다고 영양을 충분히 섭취하지 않은 상태에서 땀을 많이 흘리면 철분이 부족해서 빈혈이 나타나기 십상입니다.

빈혈이 오면 괜히 찌뿌둥하거나 지쳐서 의욕이 나지 않는 상태가 됩니다. 그런 컨디션으로는 좀처럼 달리고 싶은 생각이 나지 않죠. 어쩐지 몸이 축 늘어지고 힘들다면 빈혈을 의심해 봅시다.

빈혈 예방에는 동물성 식품인 붉은 육류나 생선, 예를 들면

간이나 연어 등이 좋습니다. 식물성 식품이라면 소송채나 시금치, 병원에서 처방하는 철분제로 보충해도 좋겠습니다.

땀 닦기는 틈틈이,
여름은 빈혈에도 유의를

Q30
예전부터 친구나 가족에게 "A형이구나"라는 말을 자주 듣습니다. 아직 체력에는 자신이 있다고 해도 지나치게 열심히 하는 저에게 맞는 목표 설정법이 있을까요?

미국에서는 사람의 성격을 크게 A형과 B형으로 나누곤 합니다. 그중 'A형'으로 분류되는 사람들은 목표를 높이 설정하는 경향이 있습니다. 목표를 어느 정도 높이 세워도 자신이 극복해왔음을 알기에 감당할 수 있다고 생각하기 때문이죠.

이런 사람은 살쪘다고 생각하면 '매일 10km 달리자'라는 식의 빡빡한 목표로 곧장 연결 짓고 실제로 그것을 해내려고 노력합니다. 여기서 달성해야 하는 목표를 지나치게 높이 잡으면 실패 경험으로 이어질 우려가 있습니다. 그를 되풀이하면 자기 긍정감이 떨어집니다.

그렇다고 해서 목표를 너무 낮게 잡으면 성취감이 부족해지니 어려운 일이지만 '적절'하게 유지해야 합니다. 성취감이 낮으면 지속적으로 할 수 없기 때문입니다.

해결 방안은 '할 수 있느냐 없느냐'라는 기준으로 목표를 잡는 것입니다. 할 수 있는 선에 50% 정도를 더한다고 보면 됩니다.

예를 들어 '5km는 매일 달릴 수 있어. 10km는 분발하면 할 수 있을 듯한데, 매일 한다면 괜찮을까?' 하고 헷갈릴 때는 7km에서 8km를 목표로 삼아보세요. 일주일간 계속해서 해냈다면 그 목표는 애초에 50%가 아니었다는 뜻입니다. 그럴 때는 목표를 올립니다.

실제로 해보니 일주일에 절반도 채 달리지 못한 경우도 50%가 아니었다는 뜻이니 목표를 낮추어야 합니다.

1이나 100이 아니라 이와 같은 반복으로 천천히 나아가는 것도 현실적입니다. '목표를 정했으니 하고 말 테야'라며 강한 의지를 불태우는 것도 훌륭하지만, 50대에서 시니어로 향하는 나이가 될수록 목표는 몸에 귀를 기울이며 세워야 합니다.

고정적으로 생각하지 말고, 나의 '50%'를 찾기 위해 일주일 단위로 목표를 유연하게 세우면 어떨까요?

'0 아니면 100'이 아니라

목표는 몸에 귀를 기울여서

6장

하루라도 오래 달리는 비결

Q31
'오늘은 속도를 내보자', '오늘은 천천히 오래 달리자' 등 매일매일의 목표가 필요한가요?

마라톤은 기본적으로는 롱(Long)·슬로(Slow)·디스턴스(Distance)의 약자인 LSD, 즉 오랜 시간에 걸쳐 천천히 긴 거리를 달리는 일입니다. 보통 가벼운 조깅 정도의 속도가 바람직하다고 여겨지는 운동이므로 천천히 오래 달리는 데 주력하면 된다고 봅니다. 긴 거리를 느긋하게 달림으로써 심박수가 안정되고 자세가 바로잡혀 근육을 단련할 수 있는 것이 LSD이니, 우선은 '장거리를 느긋하게'를 기본으로 삼으세요.

얼마만큼의 거리와 속도가 마땅하냐고 자주 질문받곤 하는데, 어디서부터가 L이고 어느 정도의 속도가 S이며 얼마만큼 오래 달려야 D인지 명확하게 정해진 기준은 없습니다.

기본적으로는 천천히 길게 달리는 것이 거리로 이어지므로 부담이 되지 않는 속도와 소요 시간으로 무리 없는 거리를 기분 좋게 달리면 됩니다.

스피드 훈련은 레이스에서 시간을 노리는 러너에게 필요한 것이지 펀 런 단계에서는 필요 없습니다.

일정한 거리를 일정한 속도로 달리는 운동은 심박수가 최대에 가까워지는 혹독한 수준이라서 싫증 날 우려가 있습니다. 그래도 속도에 욕심이 난다면 코스에서 달리는 동안 '나보다 조금 페이스가 높은 러너'를 찾는 것도 추천합니다. 그 러너를 페이스메이커로 정하고 뒤쫓아보는 것도 좋겠죠.

조금만 힘들어지려고 하면 자신에게 지고 만다, 포기하게 된다는 분이라면 이참에 레벨 업을 할 수 있으니 시도해보시길 바랍니다.

자극도 받고 좋은 연습이 되거든요.

기본은 LSD로 OK,
나만의 페이스메이커를 찾자

Q32
단순히 거리나 속도를 재는 일뿐만 아니라 심박수도 운동 효과와 큰 연관이 있다고 들었어요. 스마트 워치를 효과적으로 사용하는 방법은 무엇인가요?

2장 서두에서 살을 빼기 위해 지방을 태우려면 너무 느슨하지도 벅차지도 않은 '약간 힘든' 정도를 지향하자고 제안했죠. 아울러 3장에서 소개한 운동 자각도를 객관적으로 뒷받침하기 위해서는 심박계 기능을 적용한 '애플 워치' 같은 스마트 워치가 도움이 됩니다.

스마트폰을 옷 주머니나 파우치에 넣고 달리는 사람도 많은데, 스마트폰만 가지고는 심박수를 측정할 수 없습니다. 다음 쪽 그림에 있듯 가장 효율적으로 체지방을 태울 수 있는 구간은 최대 심박수에 대한 백분율로 산출합니다.

220에서 나이 및 아침에 일어나 재는 안정 시 심박수를 뺀 수치에 목표 운동 강도를 곱한 뒤 안정 시 심박수를 더한 숫자가 '목표 심박수'가 됩니다. 이 구간이 가장 효과적으로 지방을 연소할 수 있다고 하는 '중강도의 부하'를 나타냅니다.

안정 시 심박수가 75인 60세 남성은 120~140이 그 구간이 됩니다. 스마트 워치의 심박수가 129를 가리킬 때 자신은 1km를 몇 분에 달리는가. 심박수가 143이라면 어떨까.

그 사이의 숫자가 가장 효율적으로 지방을 태울 수 있는 속도라는 뜻입니다. 그림과 수식에서 여러분이 지향해야 할 목표 심박수를 계산해 스마트 워치로 확인하면서 달리세요.

객관적인 데이터가 없다면 어떻게 될까요. 운동 경험이 적은 사람이 조금 달리고 힘들어서 더 이상 못하겠다고 생각할 만큼 고되게 느껴질 때도 막상 심박수는 50%에도 미치지 않는 일이 일어납니다. 그런 주관과 객관적인 데이터의 차이를 워치로 알 수 있어 보다 효과적으로 성과를 낼 수 있습니다. 특히 살이 빠지는 원리를 가시화해서 깊이 이해할 수 있으니, 다이어트를 목표로 하는 분에게 추천합니다.

심박계의 중요성에 대해 설명하면 "난 일류 선수는 아니니까"라고 하는 사람이 있는데, 그 반대입니다. 일류 선수는 경험상 자기 심박수를 파악할 수 있으나 일반인일수록 잘 모르기 때문이죠.

객관적 관측을 돕는 심박수에 기반한 살 빠지는 구간

나이 \ 안정 시 심박수	y65	y75	y85
50세	122~146	126~148	130~150
55세	119~142	123~144	127~146
60세	116~138	120~140	124~142
65세	113~134	117~136	121~138
70세	110~130	114~132	118~134
75세	107~126	111~128	115~130

(220−나이−안정 시 심박수 y)×0.6~0.8+y=x

220에서 나이와 안정 시 심박수(기상 시 스마트 워치로 측정한 수치)를 빼 목표 운동 강도를 곱한 뒤 안정 시 심박수를 더해 나온 심박수가 목표 심박수. 강도를 60%에서 80%로 잡은 구간이 지방을 가장 잘 태울 수 있기에 그곳이 그 사람의 '살 빠지는 구간'이라고 한다.

'카보넨 공식*'에 근거해 작성

특히 50대 이상은 나이가 들수록 심박수 관리에서 안전을 관건으로 삼아야 합니다. '오늘은 심장이 좀 빨리 뛰네'라든가 '심장박동이 흐트러진 것 같아'라는 느낌을 객관적으로 수치화할 수 있기에 그런 의미에서도 유효합니다.

* 1950년대 핀란드 생리학자 마르티 카보넨(Martti Karvonen)이 개발한 '목표 심박수' 공식.

객관적인 정보를 얻을 수 있는
스마트 워치 활용하기

Q33
아는 러너가 통굽 신발*을 신고 서브 4**를 달성했다고 하더군요. 통굽 신발이 필요한가요?

먼저 말할 수 있는 것은 카본 플레이트가 내장된 러닝화를 언제든지 신어도 되는 것이 아니라 그때그때 상황에 따라 사용해야 한다는 점입니다. 속도를 향상시키는 데는 효과적이지만 사용법에 따라서는 다칠 수도 있기에 주의가 필요합니다.

이른바 통굽 신발이 시장에 등장한 것은 2017년경으로 역사가 깊지 않지만 제가 담당하는 아오야마가쿠인 대학 역전경주 팀에서도 통굽 신발을 신고 고관절이나 근육을 다치는

---

* 이 책에서 말하는 통굽 신발이라는 단어는 우리나라에서 판매되는 카본플레이트 러닝화를 지칭한다.
** 풀코스 마라톤을 4시간 이내에 완주하는 것.

일이 늘어났습니다.

그래서 2020년에는 통굽 신발용 움직임을 만들고 근력 운동도 '통굽 신발 사양'으로 바꾸었습니다(자세한 내용은 제 책 《아오 트레 2.0 통굽 훈련 아오가쿠 역전 경주 팀이 실천하는 통굽 신발 대응 트레이닝》*을 참조하세요).

익숙하지 않은 통굽 신발을 신으면 무게중심이 높아져 몸이 불안정한 상태로 달리게 되므로 관절에 부담이 가서 고관절 주변에 피로 골절이 일어나기 쉽습니다. 러닝을 할 때 통굽 신발을 신으면 수행 능력 향상으로 이어지기에 사용해도 좋다고 봅니다. 그러나 평소 연습할 때 자주 신는 것은 피해야 합니다. 특히 중심이 위에 있어서 혹독한 연습을 하거나 구불구불한 코스를 갈 때는 몸이 더 쉽게 휘청여 관절에 무리를 줍니다. 굽이 높지 않은 신발과 번갈아 신기를 권장합니다.

저는 3종류의 신발을 상황에 맞게 구분해서 신고 있습니다. 일반 러닝화, 중간 굽, 통굽 신발입니다.

첫째 신발은 걸을 때도 신을 수 있을 만큼 착용감이 좋고 압박감도 없어서 쾌적합니다.

둘째 신발은 앞부분이 비스듬해서 발부리에 힘을 실을 수

---

* 국내 미발간.

있는 중간 모델입니다.

    셋째 신발은 시간이 별로 없는 중에 평평한 코스를 속도감 있게 달릴 때 고르려고 합니다.

    예를 들어 평평한 코스를 뛸 수 있는 도쿄 메이지 신궁 외원을 달릴 때는 통굽 신발로, 어느 정도 거리가 있고 왕복할 때 고저가 있는 경우는 중간 굽으로 구분해 신습니다.

무게중심이 높아지는 통굽은
슬기롭게 구분해 착용한다

Q34
새벽 러닝과 야간 러닝 시 주의 사항이 있나요?

아침 해를 보며 새벽 러닝을 하면 기분 좋게 하루를 시작할 수 있습니다. 온몸에 비타민 D를 모으는 의미에서는 햇볕을 알맞게 쬐며 달리는 것이 좋습니다. 다만, 우리 몸에서 유일하게 노출된 장기라 불리는 곳이 눈인데, 직접 자외선을 받으면 비타민 C가 파괴되어 면역력 저하로 이어집니다.

그러므로 러닝 중에는 스포츠 선글라스를 끼는 것이 좋습니다. 자외선을 차단할 수 있다면 일반 선글라스도 상관없으나 흔들림이나 무게를 고려하면 러닝용 스포츠 선글라스를 고를 것을 권합니다.

최근 한밤중에 자전거가 트럭에 치였다는 뉴스를 접했습니다. 교통량이 많은 코스에서 러닝할 때는 특히 조심하면서 안전하게 달려야 합니다. 자전거 등에 비해 의외로 달리는 사람을 인식하기 힘들다는 운전자의 목소리도 들립니다. 따라서 반사 소재가 붙은 옷을 착용하고 차에 존재를 알리는 것이 중요합니다.

나이가 들면 화려한 옷은 꺼리기 십상인데, 야간 러닝은 눈에 띄는 것이 제일이니 색상이 밝은 옷을 고릅시다. 요즘은 신발도 색감이 진하거나 디자인이 화려해지고 있으니 고를 맛이 날 듯합니다.

또 밤은 낮에 비해 넘어질 우려가 큽니다. 나이가 들면 시력이 떨어지기 때문에 비포장도로 코스는 각별히 조심하세요. 달리기 좋아 러너에게 인기 있는 황거 러닝 코스[*]도 나무뿌리에서 아스팔트가 솟아오른 곳이 있습니다.

달리는 법에도 주의가 필요합니다. 간선도로에는 보도가 있지만 가로등이 별로 없는 일반 도로는 위험하죠. 도로변은 배수 효과를 높이고자 경사져 내려간 경우가 많아 달리기 까다로운 탓에 러너는 자연히 길 중앙으로 코스를 잡기 일쑤입니다.

또 차도와 길 가장자리 구역을 나누는 흰 선 위는 미끄럽다

---

[*] 황궁 주변을 달리는 일본의 유명한 러닝 코스.

보니 거기에서 더 중앙으로 다가가버리곤 합니다. 그러면 점점 차에 가까워지기 때문에 위험합니다.

더불어 운동 중 심장 질환에 의한 돌연사의 위험도 젊은 세대에 비해 커집니다. 특히 밤에는 완전하게 고립된 코스가 아닌, 파출소와 보는 눈이 많이 있는 코스를 고르는 걸 잊지 마세요.

> 아침 해에는 선글라스를,
> 밤에는 코스 선정에 유의

Q35
달린 뒤 목욕과 맥주가 낙입니다. 러닝 후 입욕은 몸에도 좋다고 들었는데, 정말인가요?

계절에 따라 다르지만, 러닝으로 얻은 피로도 해소되고 밤에는 수면 작용도 돕기에 입욕을 추천합니다. 욕조에 몸을 담그면 온열 작용, 정수압 작용, 부력 작용 등 세 가지 효과가 나타나는데, 이는 샤워로는 얻을 수 없습니다. 욕조에 들어가면 혈류가 좋아지므로 입욕 후에 정적인 스트레칭을 하면 한층 효과가 커집니다.

또 냉탕에서 냉찜질하거나 냉탕과 온탕에 교대로 들어가는 것도 추천합니다. 찬물과 더운물을 1 대 2 정도의 비율로, 가령 찬물에 1분, 더운물에 2분 하는 식으로 반복해 순환을 촉진함으로써 피로를 줄입니다. 너무 피곤한 날에 시도하면 좋겠죠.

다만, 땀을 흘려 혈관 속 수분 함량이 감소한 상태에서 입욕하면 수분을 더 잃어 탈수 상태가 되기도 하니 사우나는 조심하는 것이 좋습니다. 애초에 땀을 과도하게 빼면 몸에 부담이 되므로 다이어트에는 역효과가 나는 측면이 있습니다.

어찌 되었든 입욕 중에는 우리가 생각하는 것 이상으로 땀을 빼기 때문에 한 모금씩 자주 수분을 보충하세요.

입욕에는 세 가지 유효한 효과,
사우나는 유의가 필요

Q36
달리기 전 워밍업과 달린 후 스트레칭은 꼭 해야 하나요?

저는 기본적으로 달리기 전에는 동적인 운동, 달린 후에는 정적인 스트레칭을 하라고 권합니다. 우선 운동 전에는 문자 그대로 '워밍'해 '업'하는 일이 중요합니다. 근육을 움직이면 근육 자체의 온도가 올라 움직임이 부드러워지고 관절을 움직이면 관절액이 나와 동작이 매끄러워집니다.

또 몸을 움직이면서 심장 기능이 촉진되어 순환하는 혈액량이 늘어납니다. 혈액량이 적은 상태라면 작은 엔진으로 몸을 과격하게 움직여야 합니다. 처음에는 천천히 달리다가 서서히 속도를 내면 본운동에 필요한 혈액량이 차츰 확보되어 심박수가 떨어집니다.

따라서 달리기 전에 정적 스트레칭을 하기보다 가벼운 걷기부터 돌입하거나 조깅으로 시작하는 것이 맞다고 할 수 있습니다. 5km 정도를 달리는데 "30분간 동적 스트레칭을 합시다"라고 말하면 일반인은 금세 포기해버린다고 4장에 쓴 바 있습니다. 여기서는 10km를 목표로, 일상적으로 달리는 러너에게 제안합니다.

그 이하로 가볍게 달리는 정도라면, 달리기 시작할 때, 다음 신호까지 조깅하다가 원래대로 속도를 높이는 방법으로 충분히 워밍업이 됩니다. 나이가 들면 20~30대에 비해 몸이 따뜻해지는 속도 자체도 느려지고 움직이면서 충당되는 혈액량도 감소합니다. 젊었을 때는 갑자기 내달려도 끄떡없었을지 모르나 나이가 들수록 정신을 바짝 차리고 준비운동을 하는 것이 좋습니다.

느닷없이 달리기 시작해도 위험하지만 간과하기 쉬운 것이 러닝을 마칠 때입니다. 갑자기 발을 멈추지 마세요. 심박수가 높은 상태에서 갑작스럽게 발을 멈추어버리면 위험합니다.

달리는 동안에는 심장과 '제2의 심장'이라 불리는 근육 양쪽에서 혈액과 체액을 순환시킵니다. 갑자기 발을 세우면 근육 쪽 펌프가 멈추어 심장만으로 대량의 혈액을 돌려야 하기에 심장에 큰 부담이 됩니다.

스마트 워치에 표시된 심박수가 대략 100으로 내려갈 때까지는 발을 멈추지 않게끔 주의하세요. 결승점인 집 앞까지 페이스를 유지해

끝까지 달리는 것이 아니라 조금 앞에서 속도를 늦추거나 천천히 걷는 식으로 마무리하길 바랍니다.

러닝을 마친 후에는 근육 수축 상태, 이른바 공회전이 계속되는 상태입니다. 따라서 수축하는 근육을 늘려 공회전을 멈추어야 합니다. 나머지는 근육이 굳어 유연성이 떨어지는 것을 예방하거나 근육 회복을 앞당기는 것이 러닝 후 스트레칭의 목적입니다. 스트레칭 동작은 9장에서 일러스트와 함께 소개하겠습니다.

냉찜질과 스트레칭에 대해서는 일부 반대의 목소리가 있습니다. 몇몇 지도자나 연구자의 발언에 근거한 '정반대' 논법이 세간에 나와 있습니다. 물론 사람의 몸은 다 같을 수 없기에 피험자 가운데 제 의견과는 다른 데이터가 나온다는 사실을 부정하지는 않습니다. 다만, 냉찜질의 유효성이나 운동 전 동적인 워밍업이 정론이라는 점은 강조해두겠습니다.

달리기 전에는 동적 스트레칭,
달린 후에는 정적 스트레칭

Q37
나이를 먹으니 특히 격한 운동을 한 후 입맛이 없을 때가 많습니다. 오래 달리기 위한 식사는 무엇일까요?

3장에서 소개했듯 정식으로 세 끼니를 챙기면 양으로도 영양 밸런스로도 가장 좋지만, 일정한 거리를 달리는 러닝 후에는 나이를 막론하고 오히려 입맛이 달아난다는 분도 꽤 있습니다. 다만 나이가 들면 가뜩이나 식사량이 줄어들기에 그럴 때는 상차림 가짓수를 궁리하면 좋습니다.

다음 쪽 그림을 봐주세요. 아침·점심·저녁 밥상에서 밥을 180g이라고 했을 때 모두 합치면 대략 1,900kcal입니다. 별다른 운동을 하지 않는 분이라도 성인 남성이라면 최소한 이 정도는 먹어야 한다는 뜻입니다.

단백질도 몸무게 1kg당 1g 정도는 필요하다고 계산하면 운동하는 분은 1.2~1.8g 정도를 기준으로 삼습니다. 그림 속 세끼에서 단백질은 총 73g가량이니, 체중 70kg에 운동을 하지 않는 분이라면 충분하겠으나 운동을 하는 분에게는 모자랍니다.

여기서 단백질을 올리려면 양을 늘려야 합니다. 채소 섭취량은 341g이네요. 후생노동성에서 정한 섭취 목표량[9]이 350g이므로 그림 속 세끼로 거의 충당할 수 있습니다.

50대 이상 세대는 채소를 먹어야 한다는 의식이 강해 많은 양의 샐러드를 먹는 분이 많은데, 이와 같은 식단을 꼬박꼬박 먹으면 충분합니다. 채소를 더 늘리려고 하면 거꾸로 단백질과 당질이 모자라게 됩니다.

그런 전제 아래 운동 직후에 밥이 안 먹히는 경우에는 어떻게 해야 좋을까요?

이상적인 밸런스와 양

아침	
에너지(kcal)	524
단백질(g)	29.6
지질(g)	13.7
탄수화물(g)	69.7
당질(g)	63.2
채소 섭취량(g)	100
백미 섭취량(g)	180

점심	
에너지(kcal)	505
단백질(g)	19.1
지질(g)	8.5
탄수화물(g)	85.8
당질(g)	79.1
채소 섭취량(g)	85
백미 섭취량(g)	180

저녁	
에너지(kcal)	883
단백질(g)	24.2
지질(g)	47.8
탄수화물(g)	83.1
당질(g)	76.2
채소 섭취량(g)	156
백미 섭취량(g)	180

인용 사진: 오토야[*] 제공

[*] 일본 가정식 체인점
https://www.ootoya.com

가짓수를 줄인 식사 예

- 밥
- 건더기를 듬뿍 넣은 된장국
 (무, 당근, 구운 가지, 햇양파, 메추리 알)
- 낫토

- 밥
- 재료를 가득 넣은 마파두부
 (두부, 돼지고기, 대파, 표고버섯, 마늘, 생강)
- 낫토

작성·촬영: 안자이 히토미(관리 영양사)

영양사와 의논해 내린 답이 위 사진으로, 칼로리와 식재료의 양은 같되 가짓수가 적어 보이도록 궁리했습니다.

반찬으로 만들 채소를 국에 넣어 가짓수를 4종류에서 3종류로 줄이면 훨씬 먹기 편해집니다. 가짓수가 많아야 푸짐해 보이겠지만 격한 운동 후에는 역효과가 납니다. 저도 주에 1회, 건더기를 듬뿍 넣고 한 솥 가득 국을 끓여두는데, 여기에 반찬 하나만 곁들이면 OK입니다.

영양 균형이 잡혀 있어 오래 달리는 데 필요한 기력도 비축

할 수 있습니다. 시니어 세대의 러닝을 도와주는 이상적인 식사라고 할 수 있겠네요.

> 밥이 잘 안 먹힌다면
> 반찬 가짓수를 줄여보자

Q38
기준인 10km를 달릴 수 있게 되었습니다. 그럼, 이제부터는 거리가 중요한가요, 속도가 중요한가요? 다음 목표를 어떻게 세우죠?

지금까지 책이나 강연에서는 10km를 달성하면 다음은 하프 마라톤에 도전하거나 목표 시간을 정하는 단계로 나아가자고 이야기했습니다. 하지만 60세 전후부터 시니어분들에게 드리는 조언이라면 생각이 달라질 듯합니다.

이 책에서도 거듭 강조했다시피 같은 50~60대라도 러닝한 시간이나 목표, 그리고 개인의 체력에 차이가 있다는 사실을 염두에 두세요.

우선 10km 이상 달리는 것이 좋은 일일까요? 건강이라는 관점이나 최소한의 운동량과 질을 확보한다는 측면에서 보면 10km로 충분합니다. 더 말하면 넘칠 정도여서 이 책을 읽고 러닝을 시작해 10km를 달릴 수 있게 되는 것만으로 굉장한 일입니다.

그렇다면 10km를 달릴 수 있는 기간을 앞으로 1년, 2년으로 늘려가는 일도 보람되지 않을까요? 10km 다음은 15km, 그 다음은 하프, 그리고 더 긴 거리를 달린다는 목표 설정은 나쁘지 않습니다. 그러나 50~70대 러너라면 5년 뒤에도, 10년 뒤에도 10km를 달리는 것이 값지고 중요하다고 봅니다.

가령 50대에 30km를 달릴 수 있다고 칩시다. 하지만 20년 후인 70대에 30km를 달리는 것은 상당히 힘들어집니다. 그래서 '달리지 못하게 된' 자신을 보고 '노화'를 사무치게 실감하겠죠.

70대에 10km를 달릴 수 있다면 더 멋지지 않을까요. 10km라면 레이스나 대회도 있으니 그때마다 목표를 설정하는 것도 가능하고 10km를 달릴 수 있으면 하프 마라톤도 거의 완주할 수 있습니다. 저마다 목표 설정에 대한 생각은 다를지도 모르지만, 일과 마찬가지로 러닝도 언젠가 '정년'이 찾아옵니다. 그것은 70대일 수도 있고 80대일 수도 있습니다.

몸과 마음의 부상을 겪어 러닝을 그만두지 않도록 거리나 속도에 연연하는 목표 설정을 한 번쯤 내려놓는 것도 하나의 선택입니다.

- 10km를 지금까지보다 더 빠르게 달릴 수 있다.
- 심박수를 올리지 않고, 숨을 헐떡이지 않고 달릴 수 있다.
- 발에 쥐가 나지 않고 달릴 수 있다.

그런 자신을 목표로 삼아 되도록 긴 세월 동안 10km를 달릴 수 있는 몸을 유지하는 겁니다.

또 외모의 변화로 말하면, 올바른 자세로 꾸준히 달리면 엉덩이 모양이 예뻐지니 히프 업도 목표로 하면 어떨까요? "엉덩이가 탄탄해졌어"라는 칭찬을 들을지도 모릅니다.

전 올림픽 여자 마라톤 대표 마스다 아케미 선수가 "나카노, 나 매일 10km 달리고 있어"라고 한 적이 있습니다. 일본 일류 러너였던 마스다 선수에게 10km는 말 그대로 거저먹기겠지만 1964년생이라는 나이를 감안하면 매일 계속할 수 있다는 것은 굉장한 일입니다. 마스다 선수도 이를 잘 알고 있기에 그런 말을 꺼냈을 테죠.

80세나 90세에 10km를 달린다면 얼마나 멋질까요. 심지어 어쩌다 있는 일이 아니라 일상생활에서 그것이 가능하다면 값진 일입니다. 10km를 달리면 고칼로리 음식도 소비할 수 있고 여행을 가서도 내 발로 가뿐히 걸을 수 있습니다. 다시 말해 인

'50 이후 러닝'에서 말하는 목표 설정

- **습관화**
  - 근육을 되돌린다
  - 달리는 데 익숙해진다

- **일상화**
  - 체력이 좋아진다
  - 심폐 기능이 좋아진다
  - 속도도 거리도 쑥쑥 업

- **중급**
  - 달리기가 즐겁다
  - 레이스에도 나가고 싶어진다
  - 10km쯤은 거뜬하다

- **상급**
  - 전년 대비 상승을 노린다
  - 하프, 풀코스에 도전한다
  - **성장을 위해 힘쓴다**

- **상급**
  - 시간, 거리를 유지한다
  - 건강을 목표로 삼는다
  - **유지를 위해 노력한다**

? 속도가 떨어진다
? 무릎이나 관절이 아파온다
? 매일 같은 러닝이 버겁다
? 몸이 무겁고 숨이 차오른다

→ **러닝 정년**

★ 마이 페이스
★ 기분 좋다
★ 몸이 가볍다
★ 부상 없다

→ **러닝 정년 없음**

생의 즐거움이 이어지는 겁니다.

10km를 유지해도
나이를 감안하면 성장

Q39
목표 설정은 이해했습니다.
오래 건강히 달리는 비결이 또 있나요?

 수수께끼 같은 소리지만, 오래 달리려면 '달리지 않기'도 포인트가 됩니다. 휴식의 필요성 외에 그 까닭이 또 하나 있습니다. 한 종목을 지속하는 것은 정신적인 안정이나 자신감을 가져다주는 뜻깊은 일이기는 합니다. 다만 전신의 건강 유지를 생각할 때, 특정한 운동만 계속하는 것이 정답은 아닙니다. 걷기나 러닝은 친근한 유산소 운동의 대명사지만, 전신 근육을 유지하기 위해서는 근력 운동도 필요하기 때문입니다. 그래서 흔히 '크로스 트레이닝'을 장려하곤 합니다.
 러닝, 근력 운동, 요가, 수영 등을 적절히 안배해 균형 잡힌 운동을 하면 어떨까요? 근력 운동, 러닝, 그리고 근육이 굳었다면 스트레칭, 더 나아가 요가 등 정신 수양을 위한 운동을 하면 재충전도 됩니다. **나이가 들수록 시간 여유가 생기니 여러 운동에 도전해봅시다. 이는 계속 달리다 벽에 부딪혔을 때를 위한 대비이기도 합니다.** 월요일은 걷기, 화요일은 수영, 수요일은 테니스를 하는 70대 여성을 아는데, 아주 즐겁고 생기발랄해 보입니다.

고령자가 트레킹이나 등산을 하는 것은 무척 훌륭하다고 생각합니다. 그러나 습관화된 운동이 아니라 1개월에 한 번 정도의 이벤트라면 근육 양을 늘리는 등의 건강 효과는 그리 기대할 수 없습니다. 등산을 두고두고 할 수 있도록 평소에 근력 운동이나 러닝, 스트레칭 등에 힘써주세요. 운동은 횟수가 생명인 만큼 러닝 말고도 주 1회나 2회, 꾸준히 할 수 있는 운동은 없는지 생각해봅시다.

70대나 80대에 특수한 기술 습득이 필요한 경기를 시작하는 것은 여간 어려운 일이 아닙니다. 러닝 외에 취미나 흥미가 있는 운동을 60대에 찾아내는 것도 매우 요긴하다고 할 수 있겠죠. 러닝을 다른 운동 사이클에 끼워 넣는 것이 결과적으로 의욕이 꺾이지 않고 오랫동안 꾸준히 달리는 일로 이어질 테니까요.

오래 달리려면

달리지 않는 선택도 중요

7장

기록이나 레이스에 도전하고 싶어졌다면

Q40
10km를 달릴 수 있게 되니 더 높은 목표에 도전하고 싶어 다음은 하프 마라톤에 나갈까 하는데, 어려울까요?

도전하는 것은 좋습니다. 단, '이왕 하프 마라톤에 출전하기로 했으니 무조건 주파해서 목표 시간을 깨고 말겠어' 하는 생각으로 임하지 않는 편이 좋을 듯합니다. 목표 기록에 미치지 못하면 실패 경험으로 이어져 달리기에 싫증이 날 수도 있기 때문이죠.

대부분의 대회에는 '낙오'되는 골인 시간이 있습니다. 예를 들어 '하프 마라톤 3시간 30분'이라면 그 시간 내로 결승점에 도착해야 하는 규정입니다. 이 제한 시간을 의외로 놓치기 일쑤이니 우선 자기 페이스를 고려해 낙오되지 않을 대회를 고릅시다.

사실 레이스를 완주하는 것만이 마라톤은 아닙니다. 대회에 나갔을 때는 그런 중압감에서 벗어나 가벼운 마음으로 달리면 좋을 듯합니다.

텔레비전 중계를 하는 메이저 마라톤은 상위권 쟁탈전만 비춥니다. 그 탓에 모두 완주했다고 착각하기 쉬운데, 일반 참가자 모두 결승선을 통과하는 것은 아닙니다. **가벼운 대회에서는 대다수가 걸어서 골인하기도 합니다. 걸으면 안 되는 것도 아니고 룰을 위반하는 것도 아닙니다.**

이런 사실을 염두에 두고, 앞으로 풀코스 마라톤 대회에 나가고 싶다고 생각하는 분은 하프 레이스에 한 번쯤 나가봐도 좋겠습니다. 대회에 참가하는 것은 평상시 도로를 홀로 달리는 일과는 전혀 다릅니다.

달리면서 보이는 광경도 다르기에 자신의 페이스를 무너뜨리지 않고 뛰는 일이 무엇보다 까다로울 수 있습니다. 예행연습을 한다는 가벼운 마음으로 참가해보세요.

예행연습하는 기분으로 하프 마라톤을,
걷기도 기권도 가능

Q41

하프 마라톤 대회를 몇 번 경험하고 이번에는 꿈꾸던 풀코스 마라톤에 도전하려 합니다. 레이스 선택 시 포인트는 무엇인가요?

20대와 비교해 경제적 여유가 생겼을 테니 여행할 겸 도전해도 기분이 전환되어 흥이 오르리라고 봅니다. 예전부터 가고 싶었던 지역에서 개최되는 레이스에 나가는 것만으로 기대감이 더 커지지 않을까요.

'평정심'을 지키고 싶은 분이라면 동네 코스 등 익히 아는 지역에서 하는 레이스에 참가해도 좋습니다.

중심지에도 많지만, 강변에서도 많은 대회가 열리죠. 탁 트인 풍경도 좋고 코스도 비교적 달리기 수월한 곳이 많으나 조금 주의할 점은 강가는 바람이 센 경우가 많다는 점입니다. 체력에 자신이 있는 사람은 별문제 없으나 바람의 저항이 꽤 강하기에 생각만큼 달릴 수 없기도 합니다.

또 코스가 평탄해 달리기 쉬운 반면 풍경이 계속 똑같아서 지루하게 느껴질 수 있고, 바람이 강하게 불어와 자신이 생각한 대로 달리지 못하기도 합니다.

코스 설정이 편도냐, 왕복이냐, 주회냐 하는 차이도 있습니다. 주회는 정해진 코스를 빙글빙글 똑같이 달리는데, 도중에 기권하기 좋다는 장점도 있어 대회 초심자에게는 적합합니다. 주회가 아니라면 도중에 기권했을 때 골인 지점까지 이동하기 힘들다는 점도 불안한 요소고요.

다만 평소의 러닝에서도 마찬가지인데, 주회에는 '포기하는 구실'을 제공한다는 것이 단점이 될 수도 있습니다.

각각 장단점이 있으니 대회 경험자에게 이야기를 듣거나 참가자의 후기를 확인하면서 고르길 바랍니다.

여행지도 근처도 OK,
강가는 바람에 주의

Q42
첫 레이스는 기대되면서 불안하기도 합니다. 첫 레이스를 무사히 마치는 좋은 방법이 무엇일까요?

대회에서 분발하기 위해 가족이나 지인에게 도와달라고 부탁하는 것도 좋습니다. 몇 명에게 여러 군데에 서 있어달라고 말하는 것이죠. 그러면 중간 목표가 생겨 힘을 낼 수 있어서 부담을 덜어주는 효과가 있습니다.

하프에서는 그다지 유용하지 않을지도 모르나 갈 길이 먼 풀코스 마라톤이라면 이 방법이 쏠쏠합니다. 아는 사람들에게 걷는 모습을 보이고 싶지 않다는 마음도 작용하겠죠.

페이스메이커를 두는 대회도 있지만 기록 경신을 노리는 사람에게 필요한 존재이기에 완주를 목표로 하는 참가자는 딱히 의식하지 않아도 됩니다.

의식하면 오히려 페이스가 어긋나 체력을 잃고, 완주할 수 있음에도 단념할 우려가 있습니다. 그럴 바에는 자신과 같거나 아주 조금 빠른 러너를 찾아 그 사람을 따라가는 방법이 더 낫습니다.

혼자만의 싸움이라면 해이해질 수도 있으니 마킹을 하나 정해두면 '이 사람과는 멀어지지 말자'라는 목표가 되어주고, 레이스 중에는 의외로 바람의 영향을 받는데, 바람막이도 됩니다.

그 사람이 속도를 높여 따라가지 못하게 되면, 다른 사람을 다시 찾으면 그만입니다. 마음껏 경쟁 상대를 찾아 자신만의 페이스를 만들어보세요.

> 지인의 도움을 받거나 따라갈 사람을 찾자

Q43
내일이면 첫 풀코스 마라톤 대회에 나가게 됩니다. 레이스 전날이나 전야는 어떻게 보내면 좋을까요?

일류 선수라도 마찬가지인데, 평소처럼 지내세요. 먹지 않던 음식을 입에 대거나 단백질과 당질을 과도하게 섭취하지 않고 날것을 자제하는 일 외에 특별한 일이나 새삼스러운 일을 삼갑니다. 섭취량도 약간 많은 정도에서 그쳐야 하고, 단백질이나 당질을 많이 섭취하는 카보 로딩*(carbohydrate loading)도 필요 없습니다. 파스타라면 면 양을 평소보다도 조금만 늘리는 정도로 충분합니다.

그 밖에 당일 수분을 한꺼번에 보충하더라도 흡수에는 한

---

* 운동 효과를 높이기 위해 글리코겐을 간과 근육에 잔뜩 축적하는 식사법.

계가 있으니 전날부터 조금씩 보충하는 것이 중요합니다.

많은 분이 전날에 달려야 할지 말아야 할지 질문하는데, 달려도 좋으나 그 또한 평소대로 하면 OK입니다. 일이 바빠 준비가 미흡했다는 불안감 때문에 벼락치기로 여느 때보다 오래 달리는 사람이 있는데, 전날에 열심히 달린들 아무것도 변하지 않습니다. 그러니 전날 러닝은 레이스에서의 페이스 감각을 익혀두는 것을 목표로 하요.

대회가 시작되면 많은 사람이 일제히 주위를 달리기 때문에 풍경이 달라져서 실제보다 속도가 빠르다고 느끼고 조바심을 내는 경우가 있습니다. 이를 피하기 위해서라도 자신이 가장 기분 좋게, 무리 없이 달릴 수 있는 랩, 즉 레이스에서 설정해야 할 속도를 전날에 한번 더 몸에 익혀둡시다.

대회 전날은 평소대로,
페이스는 몸으로 확인하자

Q44
앱으로 지인과 소통하며 기록이나 데이터를 공유하는 사람이 많은 듯합니다. 효과적인 앱 사용법은 무엇인가요?

러닝 앱을 이용하면 매우 편리하게 관리나 교류를 할 수 있는 것은 물론, 사기를 북돋우는 데도 유효하다고 봅니다. 지인과 정보를 공유하면서 스스로 격려하거나 자신감을 불어넣을 수 있고, 러닝 앱으로 시간을 설정해 가상의 상대와 레이스를 벌이는 메뉴도 있습니다.

앱상에서 팀을 짜 경쟁하는 것은 현실에서의 교류나 대인관계를 조금 불편해하는 러너에게 잘 맞을 듯합니다. 다만 러닝의 경쟁 상대, 이른바 라이벌은 철저히 자기 자신입니다. 매달 목표 거리를 앱으로 설정하고 달리면서, 조금 높게 잡은 거리에 도달하지 못하면 속상해하는 분도 많을 겁니다. 자신에게 진 기분이 들기 때문이죠.

지고 싶지 않은 대상은 '작년의 나'입니다. 앱에는 해마다, 다달이 데이터가 보관되기에 기상 조건이 거의 같은 전년 동월과 데이터를 비교할 수 있습니다. 최소한 1년 전의 자신과 같은 속도로 같은 거리를 달리는 방식 또한 동기부여가 되지 않을까요.

'10km를 달릴 수 있는 몸을 유지한다'라는 것과도 일맥상통하는데, 가상의 적이 아닌 1년 전 자기 자신과 겨루어 같은 레벨을 지키겠다고 결심하는 것도 지속성을 위한 하나의 열쇠가 될 수도 있습니다.

단순히 거리와 시간을 재거나 기록하는 일지 따위의 기능뿐 아니라 이벤트나 캠페인 같은 기능도 있습니다.

러너 가운데 미처 다 활용하지 못했던 사람이라면 이 기회에 기능이나 기획을 훑어보면 재미있을 겁니다.

스포츠 브랜드에서는 앱으로 다양한 기획을 진행합니다. 사용자가 이용하면 지구환경 보호에 이바지할 수 있다거나 포인트가 쌓여 사회 공헌으로 이어지기도 하고, 어떤 목적에 따라 모금이 되는 식으로 달리기에 부가가치가 창출되는 기획도 많습니다.

앱 공유를 자극으로 삼기,
작년의 내가 라이벌이라는 생각으로 도전

작년의 나에게 지지 않는다

액티비티 통계

거리

229.4km
2021년 11월

256.4km
2022년 11월

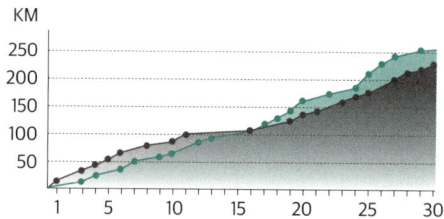

시간

20시간 51분
2021년 11월

24시간 12분
2022년 11월

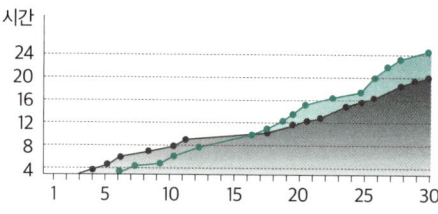

출처: 'adidas 러닝' 앱 구성자 기록

Q45
100km를 완주하는 것은 힘들 듯하나 도전 정신을 자극합니다. 울트라 마라톤은 시니어에게는 무리일까요?

'속도가 아닌 거리'라는 말은 지구력이 순발력보다 저하되는 속도가 느리다는 사실을 생각하면 이치에 맞는 말입니다. 그런 이유로 50대 이상이 장거리 완주를 목표로 삼는 것도 사실이고요.

울트라 마라톤에 대해서는 '50대는 초보자'라는 말도 많이 하는 듯합니다. 다만 코로나 사태 전부터 울트라 마라톤에 도전해온 제 경험에 비추어 보면 65세 이상 시니어 세대가 도전하기에는 벅차다고 할 수 있습니다.

상상 이상으로 힘든 데다 대회에는 제한 시간이 있습니다. 탈락 기준이 12시간이라 해도 꽤 버겁습니다. 어떤 레이스는 제한 시간이 10시간이라 빠듯하기도 합니다.

    풀코스와 울트라의 중간이 드문 것이 사실이지만 찾아보면 선택지는 많습니다. 동료와 팀을 꾸려 참가할 수 있는 대회나 '24시간 경주' 등 제한 시간이 긴 경기도 있으니 검토해보면 어떨까요?

울트라 마라톤보다 경주 참가를 검토해보자

8장

건강하게
더 오래 달리고 싶은
플러스 알파의 방법

나카노 제임스 슈이치 × 이토 다케히코

개인 기록 경신이나 레이스에 도전하는 것도 좋지만, 50대 이상 시니어 세대는 다른 방법으로 달릴 수 있지 않을까 하는 생각을 바탕으로, 러닝을 하는 준시니어 세대와 시니어 세대의 몸과 마음에 관련한 나카노 씨의 제안을 들어보았습니다.

그 과정에서 '오래 건강히 달리기 위해'라는 과제에 대한 해답을 얻은 것 같은데, 꾸준히 하려면 적절한 목표 설정과 더불어 즐겁게 임하는 자세가 중요하다고 생각합니다.

8장에서는 지속적으로 러닝을 하는 50세 전후에서 60대 남녀 30명을 대상으로 설문조사를 실시한 결과를 바탕으로 실제로 러닝을 하고 있는 사람들의 비법을 소개해 오래도록 꾸준히 달리기 위한 힌트를 찾아보고자 합니다.

Q46
무슨 생각을 하면서 러닝하는 것이 좋을까?

이토 무라카미 하루키 씨는 달리면서 무엇을 생각하느냐고 묻는 사람은 대개 긴 거리를 달려본 적이 없는 사람이다, 달리는 동안 떠오르는 생각은 구름과 비슷해서 형태를 바꾸거나 왔다가 사라진다, 하는 내용의 글을 썼습니다.

러닝을 하는 동안 왔다가 사라지고 붙었다가 떨어지고 커졌다가 작아지는 등 예측 불허의 상념이 오가는 느낌은 알 것 같습니다. 무엇보다 러닝을 할 때 불현듯 아이디어가 번뜩이기도 한다는 것이 신기합니다.

떠오르는 대로 맡긴 채 달리다 보면 생각과 생각이 이어져 '아, 그렇구나' 하고 여태껏 따로 떨어져 있던 일을 관련지어 이해하기도 합니다. 업무 아이디어가 샘솟는 것도 그런 이유 때문일 듯합니다.

한편으로 쾌적하게 달리는 시간은 어떤 목표를 세우거나 순위를 매기기에 딱 좋은 것 같기도 합니다. 최대 심박수에 가까운 수준으로 몸에 부담을 주는 페이스라면 별개지만, 저는 '생애 최고의 영화 랭킹'이나 '죽기 전에 무슨 음악을 들을까' 같은 생각을 하기도 합니다.(웃음) 원래 단조롭고 풍경이 한결같은 수영을 할 때부터 있던 버릇이기도 한데, 러닝은 동네 풍경이나 자연경관이 눈에 들어와 생각이 변화하기도 합니다. 나카노 씨는 무슨 생각을 하며 달리나요?

나카노 대부분 일 생각을 하지만 그것 말고는 식사 생각을 많이 합니다. '오늘 저녁은 무엇을 먹을까'로 시작해 냉장고에 있는 식재료를 떠올리고는 '무엇을 만들까', '부족한 재료가 뭐지? 사 가야겠다'라는 생각을 하죠. 혹은 새로 생긴 카페를 떠올리며 '다음에 가봐야지' 하고 생각하기도 하고요.

이토 저도 카레 만들기가 취미라 '다음에는 이런 향신료를 배합해서 만들어야겠다' 같은 생각을 하며 달리는데, 설문조사에서는 다양한 답이 나왔습니다. 러닝 경력 8년 차인 59세 공무원 남성은 '자세, 리듬, 신발 착용감, 거리, 페이스 등 그날 러닝에 관한 전반적인 것'을 생각한다고 답하기도 했습니다. 한 달 100~150km를 기준으로 봄, 가을, 겨울에는 1km당 4분 30초 이내로, 여름에는 5분 이내로 유지하는 것이 목표라는데, 계획적으로 달리는 분인 만큼 집중력이 남다르더군요.

지금껏 자신이 한 일을 되돌아보고 과제와 지금 놓인 상황을 되짚은 뒤 회사에서 일을 하면서 목표로 삼을 만한 사람이 있을까 등을 생각하면서 달린다는 사람도 있었습니다.

다음은 설문조사의 결과 일부입니다.

'달리는 자세, 일이 잘 풀리지 않을 때는 일, 지금 같은 시간에 달리고 있을 누군가'(59세 남성·회사원/러닝 경력 12년, 월간 주행거리 100km)

'일, 앞으로 어떻게 살 것인가 등을 생각한다'(53세 남성·회사원/25년, 100~150km)

'달린 후 시간 보내는 법, 주말에 장 봐야 할 것'(50세 여성·회사원/9년, 50km)

'바이크 투어 계획(다음에는 언제, 어디로 갈까?)'(50세 남성·회사원/18년, 30~50km)

'머릿속을 비운다'(51세 남성·공무원/5년, 60km)

'사계절의 풍경 변화에 맞춰 수국이 핀 곳까지 달리자 등 러닝 경로

선정'(67세 남성·공무원/47년, 100km)

'풍경을 즐기며 달리므로 그다지 생각하지 않지만 러닝을 마친 후 맥주 마실 생각을 하거나, 때때로 업무, 동료, 건강, 자산 운용 생각 등을 떠올린다'(62세 남성·회사원/17년, 80~100km)

Q47
러닝할 때는
무엇을 듣는 것이 좋을까?

이토 길에서 마주치는 러너 대다수가 귀에 이어폰을 꽂고 있더군요. 대체 무엇을 들으면서 달리나 싶어 관심이 갑니다.

무엇인가를 들으면서 달리는 것이 '가능'할까요? 저마다의 심박수보다 조금 높은 리듬의 음악을 들으면 능률이 높아진다는 말을 들은 적이 있거든요.

나카노 일류 선수라면 레이스 전에 음악을 들으며 집중력을 높이기도 하겠지만, 일반인은 기분 좋게 해주는 음악을 틀고 달리는 것이 좋은 것 같습니다.

최근에는 골전도 이어폰이 나와서 사용하는 선수나 고객도 늘고 있는데, 자동차가 신경 쓰인다면 사용하지 않는 것도 좋다고 생각합니다. 일반인이 음악을 들으면서 신나게 달리는 것은 좋습니다.

다음은 설문조사 결과 일부입니다.

'달리러 나가서 돌아올 때까지 80분 정도로, 주로 듣는 것은 BBC나 'Beatles Radio'라는 비틀스 전문 음악 앱. 음악은 장르로 말하면 클래식 록. 아티스트는 야마시타 타쓰로[*], 미야지 준이치[**], 태블릿 준[***]. 정보 방송은 생각하다 보면 리듬이 흐트러지므로 듣지 않는다'(55세 남성·회사원/15년, 100km)

'클래식부터 노기자카 46[****]까지 음악이라면 무엇이든. 계절별로 1시간 달리기, 90분 달리기에 알맞은 플레이리스트를 만든다. 혹은 애플 뮤직(Apple Music) 추천대로 요즘 뜨는 최신 노래에서 마음에 드는 곡을 찾는다'(63세 남성·자유업/5년, 250km)

'스마트폰을 파우치에 넣고 달리며 음악(J-팝), 유튜브(J-팝이나 토크 영상 등), 팟캐스트를 듣는다'(51세 남성·회사원/12년, 200~300km)

[*] 일본의 싱어송라이터(1953~).
[**] 일본의 음악 평론가, 디제이(1955~).
[***] 일본의 가수, 예능인(1974~).
[****] 2011년 결성된 일본의 여성 아이돌 그룹.

'다양한 아티스트의 신나는 노래'(53세 여성·자유업/10년, 10~100km)

'오더블(Audible)*로 비즈니스 책을 들으면서 달린다'(50세 남성·의사/10년, 300km)

'구독 서비스로 내려받은 것. 주로 추억의 록(비틀스, 퀸, 마이클 잭슨 등), J-팝 록(오피셜히게단디즘**, 스핏츠***, SHISHAMO**** 등)'(58세 남성·회사원/7년, 230km)

'1990년대 J-팝, 팟캐스트, 라디코(radiko)*****'(50세 남성·회사원/22년, 161km)

'스포티파이(Spotify)를 틀어두는 정도'(48세 여성·회사원/3년, 25km)

'노래방에서 부르고 싶은 노래를 들으면서 달린다'(61세 남성·회사원/9년, 50km)

'아마존 뮤직(Amazon Music)을 틀어놓는데, 비틀스 노래를 많이 듣는다'(53세 남성·회사원/20년, 50km)

'스포티파이로 내가 정한 베스트 리스트를 듣는다. 퀸, 엘리펀트 가시마시******, 본 조비 등'(53세 여성·회사원/19년, 100km)

---

* 미국의 오디오 북 서비스.
** 2012년 결성된 일본의 남성 록 밴드.
*** 1987년 결성된 일본의 남성 밴드.
**** 2010년부터 활동하고 있는 일본의 인디 록 밴드.
***** 일본의 라디오 스트리밍 서비스.
****** 1981년 결성된 일본의 록 밴드.

Q48
러닝 동호회나 친구하고 러닝하는 것이 좋을까?

이토 직장 동료의 권유로 러닝에 입문하거나 동호회에 들어가는 사례는 많은 듯합니다. 러닝은 고독한 운동이라고 하는데, 장기전을 위한 포인트가 되어줄 수도 있습니다.

'2016년, 당시 직장 동료가 일이 끝난 후 황거 코스를 달리자고 했다. 그때까지는 가족과 집 근처 공원에서 조깅을 하는 정도였기에 다소 망설였지만 함께하기로 했다. 5km를 논스톱으로 달릴 수 있다는 기쁨과 다른 러너의 영향으로 의욕이 상승하고, 스트레스를 발산할 수 있었다. 그리고 아름다운 야경 등에도 매료되었다. 가까운 목욕탕에 들른 후에는 무한 리필

중국 요리점에서 '반성회'라 이름 붙인 회식을 한다. 횟수를 거듭할 때마다 입소문이 나 남녀노소 참가자가 늘어 러닝 클럽을 만들었다.'(59세 남성·공무원/8년, 100~150km)

나카노 미국에는 함께 운동하는 동료가 있다면 홀로 씨름할 때보다 60%나 지속성이 높아진다는 조사가 있습니다.

러닝 동호회라고 하면 본격적인 러너가 모인다고 생각하는 분도 많은데, 레벨이 각각 달라서 폭넓은 선택지가 있습니다. 연습 모임에 참가하면 혼자 달릴 때보다 자극도 받고 격려도 되고요. 혼자 트레이닝을 계속하기에는 한계가 있고, 도리어 혼자서는 영 시원찮던 동작도 동호회에서 다 같이 하면서 동기부여를 받기도 합니다.

레벨과 목적에 맞는 동호회를 선택하면 일 외의 공동체에 참여해 새 즐거움이 생기고, 이따금 어딘가로 가는 등 이벤트에 참가할 수도 있습니다.

특히 퇴직한 분은 인간관계가 좁아지기 일쑤입니다. 현재 직장인인 분이라도 조직을 뛰어넘은 집단이라면, 직함과 관계없이 수평적으로 어울릴 수 있고 평소에는 좀처럼 기회가 없던, 세대를 넘어선 교류를 도모할 수도 있습니다.

저도 그런 러닝 동호회 이벤트에 초대받아 참가할 때가 있는데, 많은 이들이 즐거워하는 것 같더군요.. 저 역시 동호회에 들어가본 적이 있어서 시니어 세대에게 추천합니다.

이토 저도 지방에 있는 친구와 20km '동반 런'을 한 적이 있습니다. 친구는 여태껏 10km 정도만 달렸는데, 서로 북돋아주거나 위로를 하며 하프 마라톤의 거리를 처음으로 체험했습니다.

설문조사에서도 친구나 지인과의 만남의 장소로 삼고 있다는 의견이 있었습니다.

> '파크 런에도 가끔 참가하는데 더 흥겨운 것은 동창과 재회도 하고 겸사겸사 대회에 출전하는 일이다.'(50세 여성·회사원/2년, 40km)
> '각 지역 대회에 여행도 할 겸 참가하고 있다. 하프 마라톤에 종종 나가 동료와 한잔한다.'(53세 남성·회사원/13년, 100~200km)
> '관광이나 오랜 친구와의 재회가 낙이다.'(50세 남성·의료계 종사자/6년, 200km)
> '친구와 달리고, 스트라바(Strava)*로 연습 상황을 서로 나누면 금상첨화다.'(55세 여성·회사원/19년, 100km)

---

* 신체 운동을 추적하고 기록하며 사용자끼리 활동도 공유할 수 있는 미국의 운동 앱.

Q49
앱 계획에 따라 러닝하는 것이 좋을까?

이토 한 해나 황금연휴 마지막 날에 스포츠 브랜드 앱에서 주최해 전 세계 사람들이 참여하는 7km 혹은 10km 가상 레이스가 있어서 저는 전 세계인들과 겨루곤 합니다.

일본에서 이른 아침에 달리면 다른 나라 사람들은 아직 자고 있기에 일시적으로 10위 안에 들기도 합니다.(웃음) 그 후 각국 사람들에게 추월당해 최종적으로는 몇천 위가 되기도 하는데, 제 순위를 보면 자극이 됩니다.

> '유료 온라인 코치를 붙여 연습 지침을 제공받는다. 그 지침을 달성해 보고하곤 한다.'(50세·의사/10년, 300km)

나카노 이분처럼 앱을 코칭에 활용하는 사람도 있습니다. 속도를 설정하면 가상의 적과 겨루는 등의 시뮬레이션으로 달릴 수 있는 앱도 있고요.

스포츠 브랜드를 필두로, 달린 거리만큼 이산화탄소 소멸 점수가 쌓이는 등의 기획을 내세우는 기업도 있습니다.

그냥 달리기가 아니라 무엇인가에 도움이 된다는 생각은 발을 앞으로 내디디도록 해줍니다.

지속 가능 발전 목표(SDGs) 관점에서도 현대인의 의식에 걸맞습니다.

Q50
울퉁불퉁하거나 모르는 길을 러닝하는 것은 좋을까?

이토 평탄한 곳이 아니라 일부러 울퉁불퉁한 코스를 달리거나 늘 달리던 코스에서 벗어나 지도 앱에도 의지하지 않고 가본 적 없는 미지의 길을 달리는 비일상적 러닝이 두뇌 훈련에 도움이 된다고 어느 책에 쓰여 있더군요.

나카노 불안정한 곳을 달리면 몸통이 단련되고 적응 능력이 요구되므로 뇌의 작용이 활발해지는 것은 사실입니다. 여러 코스를 고민해서 달리면 재충전도 되고 나쁘지 않죠.
 다만 나이가 있는 러너가 나무뿌리가 잔뜩 불거진 곳을 골라 달린다면 부상 위험이 커집니다. 울퉁불퉁한 곳을 체험해

보자는 생각이라면 억지로 달리지 말고 걸어도 좋습니다.

이토 강가를 뛸 때, 갈 때는 평평한 코스를 달리고 돌아올 때는 공터인 반대편을 달리는 경우가 있는데, 쉽게 발을 헛디뎌서 무섭긴 합니다. 하지만 신체 기능이 퇴행하고 있음을 느끼기에 더욱 그렇게 단련하고 싶다는 생각도 듭니다.

나카노 안전하게 달릴 수 있다면 크로스컨트리 같은 코스를 골라 달려도 좋겠죠. 사람은 나이가 들수록 환경에 적응하는 능력이 떨어집니다. 따라서 일부러 길을 헤매거나 미지의 코스를 헤쳐나가는 식으로 환경을 바꾸어 길들이는 주법은 최소한의 안전이 보장되어 있다면 나쁘지 않다고 봅니다.

일본에는 사계절이 있어 추울 때나 더울 때나 저절로 적응하며 생활합니다. 일상생활에서도 철에 따라 옷을 갈아입듯 자연히 사계절의 변천을 몸에 익히는 것이죠.

러닝도 마찬가지입니다. 기온이나 기후의 변화에 맞춰 자연스럽게 바꾸어가면 됩니다.

Q51
여행지에서 러닝하는 것이 좋을까?

이토 저는 출장지나 여행지의 강가를 달리는 것을 테마로 삼고 있습니다. 교토의 가모가와강, 오사카의 요도가와강, 후쿠시마의 아부쿠마가와강 등. 초여름, 기후의 나가라가와강 강변을 달릴 때 느낀 아름다운 신록과 상쾌한 강바람은 잊을 수 없습니다.

설문조사에서도 '여행 런'의 묘미를 느끼는 체험을 확인할 수 있었습니다.

> '출장지인 도치기현에서 방목된 소를 곁눈질하며 야산 코스를 달리던 중 역방향에서 달려온 중학생과 스쳐 지나며 100명가량의 일행

모두에게 인사받았던 일. 목가적인 그 풍경은 잊지 못한다.'(58세 남성·자유업/20년, 50km)

'오키나와를 거의 일주하거나 그리스 스파르타슬론에 출전하는 등 관광지로 매력이 있는 장소의 레이스에 참가하는데, 레이스를 뛰는 것이 목적이지 여행할 겸 달릴 목적은 아니었다. 미우라반도나 미나미 이즈의 울트라 마라톤은 그 지역의 풍경을 맛볼 수 있었던 것 같다. 여행 런보다 레이스가 끝난 뒤에 렌터카로 그 지역을 둘러보는 일을 즐길 때가 많아 사로마호 100km 울트라 마라톤 다음 날에는 홋카이도 동부를 차로 돌기도 했다.'(51세 남성·회사원/12년, 200~300km)

'효고현 가와니시시·노세정 주변의 두메산골을 달렸을 때 폭우가 쏟아졌다. 녹초가 되어 목이 말랐는데, 주유소를 발견하고 사용할 수 있을지 없을지 모를 흠뻑 젖은 1,000엔짜리 지폐를 내밀며 이온 음료를 주문했다. 그런데 아르바이트생으로 보이는 고등학생 2명이 기꺼이 웃으며 응대해주었다. 그 친절함에 감동했고 꿀맛 같던 이온 음료를 잊을 수 없다. 곤란한 사람을 위해 손길을 건넬 줄 아는 사람이 되겠노라 굳게 다짐했다.'(53세 남성·회사원/25년, 100~150km)

'미토에서 연못가 산책로를 달린 것, 구마모토에서 가나쿠리 시조[*]가 초등학생 때 매일 달렸다는 통학로를 달린 것이 기억에 남는

다.'(58세 남성·회사원/7년, 230km)

'두 번째 풀코스였던 나가노 마라톤을 달릴 때 전날부터 내린 폭설로 당일에도 노면에 셔벗 같은 눈이 남아 있었는데, 웬일인지 첫 서브 4를 달성했다.'(59세 남성·회사원/12년, 100km)

'지금은 외딴섬을 꾸준히 달려 여러 섬을 방문하는 것이 목표다.'(63세 남성·대학 연구원/35년, 100km)

'여행이라고 할 수는 없지만 새벽에 아무도 없는 도회지를 달린다(메이지 신궁 외원-다케시타 거리-오모테산도-골동품 거리-다메이케-히비야-긴자-니혼바시-아카사카-메이지 신궁 외원).'(63세 남성·단체 직원/16년, 80~100km)

나카노 지인이나 고객 중에도 부부끼리 나가 각자의 목적에 따라 달리는 등 '여행 런'을 즐기는 분은 많습니다. 다양한 목적이나 기획과 맞추면 즐겁죠.

전국에서 마라톤 대회가 열리지 않는 지역은 두세 곳 정도라고 들었습니다. 가보고 싶던 곳을 방문하면서 대회에 나가도 재미있겠네요.

전국 제패 같은 목표를 세워보거나 세계로 눈을 돌리면 도

---

* '일본 마라톤의 아버지'라 불리는 마라톤 선수(1891~1983). 오사카의 명물인 '글리코 씨'의 모델이기도 하다.

쿄, 보스턴, 런던, 베를린 등 각국의 주요 대회를 달리는 월드 마라톤 메이저스 같은 훈장도 있습니다. 여행 런은 기록을 노리는 일뿐만 아니라 저마다의 만족감을 채워주는 편 런의 대명사라고 할 수 있겠습니다.

이토 제 지인 중에 '도카이도 53차[*]'를 역참마다 달려 도쿄~오사카를 완주한다'는 사람이 있었습니다. 처음에는 걷기로 시작했으나 달리기가 주는 상쾌한 기분을 느끼고 러닝으로 전환했다고 합니다. 지난번에 도달한 곳까지는 열차로 간 뒤 거기서부터 다음이나 그다음까지 달리는 소박한 여행의 연속인데, 여정도 즐길 수 있어 좋겠더군요.

이렇게 말하는 저도 쇼난 바닷가를 달릴 때가 많은데, 맑게 개어 후지산이 잘 보이는 날은 머릿속으로 하코네를 달리는 모습을 상상합니다.

또 골인 지점의 '보상 런'으로는 하치오지의 당일치기 온천이나 쓰키시마까지 달려 목욕탕과 몬자야키[**]를 즐기는 코스도 있습니다. 모두 20km 정도입니다.

---

* 에도 시대에 에도(오늘날의 도쿄)에서 천황이 있는 교토까지 잇는 도카이도 길 위에 지은 53개의 역참.
** 갖가지 채소 및 해물 등을 한데 섞은 반죽을 철판에 널찍하게 펼치고 잘게 다져 전처럼 부쳐 먹는 요리.

'연말에 고등학교 동창과 하코네 역전 경주 코스를 1구간씩 달려 올해로 10년 차다.'(51세 남성·회사원/12년, 200~300km)

'나카센도 가도나 홋코쿠카이도 가도와 같은 옛길. 폐도를 달리고 돌아올 때는 전철로 귀가한다.'(53세 남성·회사원/20년, 50km)

'친구 4명이 나가노현에 사는 친구를 찾아가 아즈미노 하프 마라톤에 참가한다. 전야제가 끝난 뒤 목욕물에 몸을 담그고 뒤풀이를 하고, 레이스 후 서로 페이스북으로 감상을 교환하는 등 하나부터 열까지 다 즐거웠다.'(55세 여성·회사원/19년, 100km)

'분장하고 달리면 진행 요원이나 길가에 선 사람들이 환호하고 즐거워하기도 하고 올해도 왔네, 하며 말을 걸어주는 것이 기쁘다. NAHA 마라톤, 구로베 명수 마라톤, 구메지마섬 마라톤, 에치고 겐신 시음 술 마라톤, 오키노에라부지마섬 마라톤 등 각지 마라톤에 참가하다 보니 지역 사람들과 만나고 시음 술도 마시고 길가에서 보내는 응원을 받는 등 각각 추억이 있다.'(62세 남성·회사원/17년, 80~100km)

이런 '여행 런' 여담도 있었는데, 재미뿐 아니라 다음처럼 자신의 한계점에 도전하는 경험도 있었습니다.

'각지의 성을 탐방하면서 러닝하는 것이 낙인데, 2022년 아키타

100km 챌린지 마라톤 대회 50km 부문에 참가했을 때의 일이 기억에 남아 있다. 업무 관계로 당일에 요코하마 집으로 돌아가야 했는데, 그러려면 결승점과 가까운 역에서 오후 4시 52분에 출발하는 열차를 타야 했다. 50km 부문은 10시 30분 스타트라 열차 출발까지 남은 시간은 6시간 22분. 옷을 갈아입는 시간 등을 고려하면 꽤 빠듯하다. 결과는 5시간 36분 만에 골인. 출발 시각까지 46분이 남아서 역까지 가서 옷을 갈아입고 세수를 마친 뒤 무사히 전철을 탈 수 있었다.'(59세 남성·회사원/28년, 200km)

'적도 아래 말레이시아 랑카위섬에서 열리는 철인 3종 경기는 더위, 피로와의 전쟁이었다. 울트라 트레일 뒤 몽블랑에 참가했을 때 거의 중간 지점인 이탈리아 쿠르마유르에서 극심한 탈수 및 장경인대 염증으로 하는 수 없이 기권했던 일이 기억에 남는다.'(62세 남성·프리랜서/15년, 120km)

Q52
몇 살까지 러닝할 수 있을까?

이토 설문조사에서는 마지막으로 "몇 세까지 달릴 수 있을 것 같나요?" 하고 물었습니다.

> '나이로 생각해본 적은 없다. 몸과 마음이 건강하고 체력이 따라준다면 계속할 것 같다. '러닝 → 조깅 → 걷기'로 바뀌지 않을까.'(59세 남성)
>
> '마음만 있다면 몇 살이든 상관없다. 무리하지 않는 정도로 슬로 조깅은 가능할 듯하다.'(53세 여성)
>
> '목표는 달라지더라도 65세까지는 할 수 있을 것 같다.'(51세 남성)
>
> '부상만 없다면 몇 살까지란 한계는 없다. 하지만 현실적으로는 70

> 세 정도일 듯.'(61세 남성)
>
> '70세쯤까지 달리지는 못하더라도 지금과 같은 페이스를 유지하고 싶다.'(50세 여성)
>
> '꾸준히 달려 건강에 별문제가 없다면 70대 중반까지 풀코스 마라톤, 트라이애슬론에 나가 완주할 수 있을 것 같다.'(62세 남성)
>
> '80세 정도까지는 할 수 있을 듯하다. 페이스는 떨어지겠지만.'(55세 남성, 63세 남성)
>
> '거리, 시간을 따지지 않는다면 90세 넘어서도 가능하지 않을까?'(63세 남성)
>
> '살아 있는 한. 운동생리학, 트레이닝 이론을 잘 활용한다면 달릴 수 있는 나이의 벽이 허물어지리라 예상한다.'(51세 남성)
>
> '죽을 때까지. 목표는 100세.'(62세 남성)

나카노 그저 다리를 앞뒤로 뻗어 몸을 움직이는 러닝의 단순함에 빠지는 사람들이 이렇게 많다니, 생각해보면 희한한 일입니다. 이렇게 말하는 저 역시 그중 하나지만요.

그 단조로운 스포츠가 이토록 많은 이의 마음을 사로잡는 이유는 각자 설정한 목표가 뚜렷해서일 듯합니다. 달리고 싶어서 달리는 것이 아니라 다이어트를 하고 싶다, 개인 기록을 경신하고 싶다, 건강해지고 싶다, 이 대회에 나가보고 싶다 등등

말이죠. 그 목표를 조금 이루었으니 자기 효능감(나도 할 수 있으리라는 희망)이 커지고 다음 목표가 생깁니다. 그리고 또 달리게 되죠. 몇 살까지 달릴 수 있느냐는 것은 몇 살까지 목표를 세울 수 있느냐는 말과 같다고 봅니다.

9장

오래도록 계속하기 위한 스트레칭

Q53
러닝 후 관리에 좋은 효과적인 스트레칭이 있나요?

6장에서 스트레칭의 기본 개념을 설명했듯, 러닝 후에 효과적인 것이 '스트레칭'이라 부르는 정적인 근육 운동입니다. 일정 시간, 같은 자세를 유지하고 멈춘 상태로 각 부위의 근육을 늘입니다.

왜 그렇게 할까요? 한창 달릴 때나 달리고 난 후의 근육은 수축해 있을 때가 많아 그대로 방치하면 피로 해소 속도가 느려질뿐더러 근육 뭉침이나 땅김으로도 이어지기 때문입니다.

더구나 근육 회복이 느려지기도 하니 좋을 것이 하나도 없습니다.

운동 후 근육은 러닝으로 따뜻해진 상태이므로 근막의 저항이 떨어져 근섬유를 효율적으로 늘일 수 있습니다. 또 몸이 뻣뻣하다고 느끼는 사람일수록 러닝 후의 스트레칭은 유연성을 기를 기회입니다.

지금부터 소개할 정적 스트레칭을 하면 피로 해소를 촉진하고 회복 속도를 높일 수 있기에 아주 중요합니다. 우선 대표적인 정적 스트레칭 동작 10가지를 알려드리겠습니다.

50대부터 70대 여러분은 회복 능력이 저하되어 있습니다. 그러므로 러닝 자체도 중요하지만, 근육을 충분히 관리해 하루라도 오래 달릴 수 있는 컨디션을 유지합시다.

넙다리네갈래근

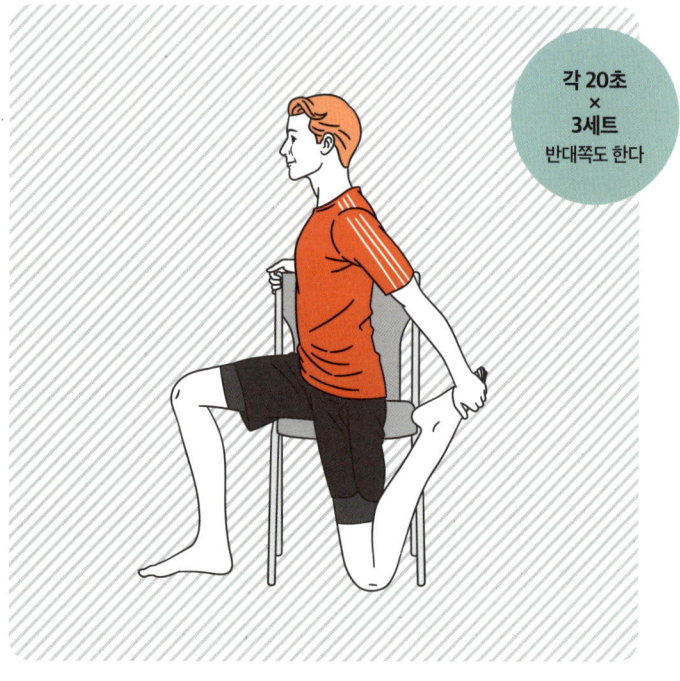

각 20초
×
3세트
반대쪽도 한다

왼쪽 앞 허벅지 스트레칭입니다. 의자에 모로 앉습니다. 오른쪽 엉덩이만 좌석에 붙이고 왼쪽 다리는 의자 바깥쪽으로 뺍니다. 오른손으로 의자 등받이를 잡고 왼손으로 왼쪽 발등을 잡습니다. 그런 다음 무릎을 뒤로 끌어당깁니다.

엉덩허리근

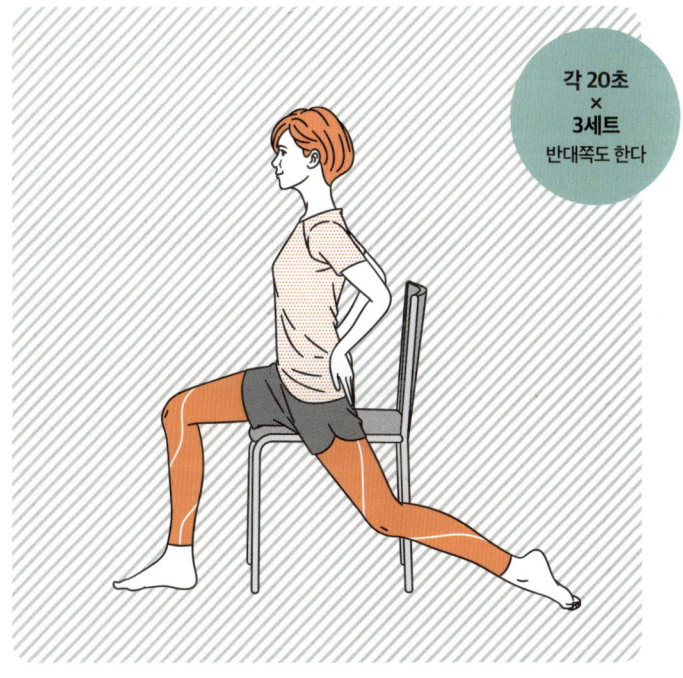

각 20초
×
3세트
반대쪽도 한다

• • •

왼쪽 허벅다리 스트레칭입니다. 의자에 앉습니다. 오른쪽 엉덩이만으로 앉고 왼쪽 다리는 뒤쪽으로 크게 뻗습니다. 그런 다음 양손을 엉덩이에 대고 앞쪽으로 미는 듯한 느낌으로 허벅다리를 늘입니다. 왼쪽 무릎을 펴는 것이 포인트입니다.

큰볼기근

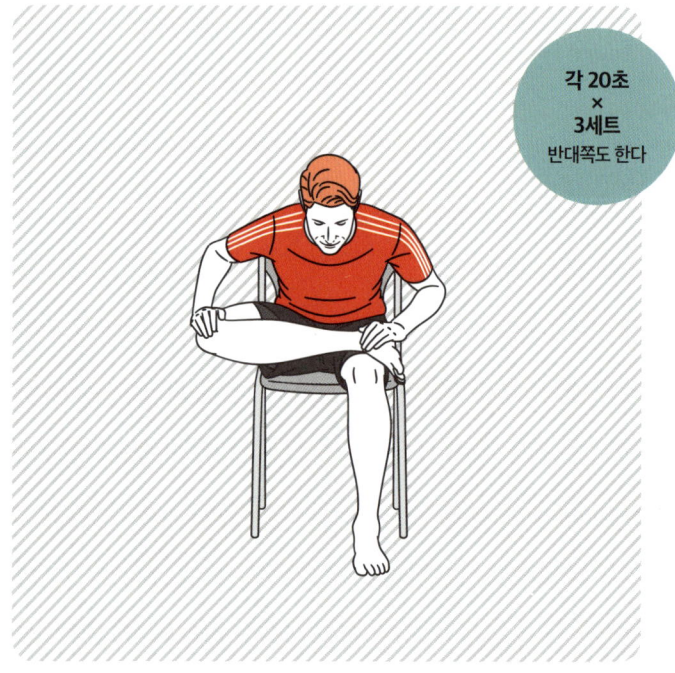

각 20초
×
3세트
반대쪽도 한다

오른쪽 엉덩이 스트레칭입니다. 의자에 살짝 걸터앉습니다. 오른쪽 다리를 왼쪽 다리 위에 올려 오른쪽 다리의 정강이가 바닥과 평행하도록 가볍게 무릎을 아래로 누릅니다. 그대로 가슴을 다리로 가져다 대듯이 몸을 숙입니다.

중간볼기근

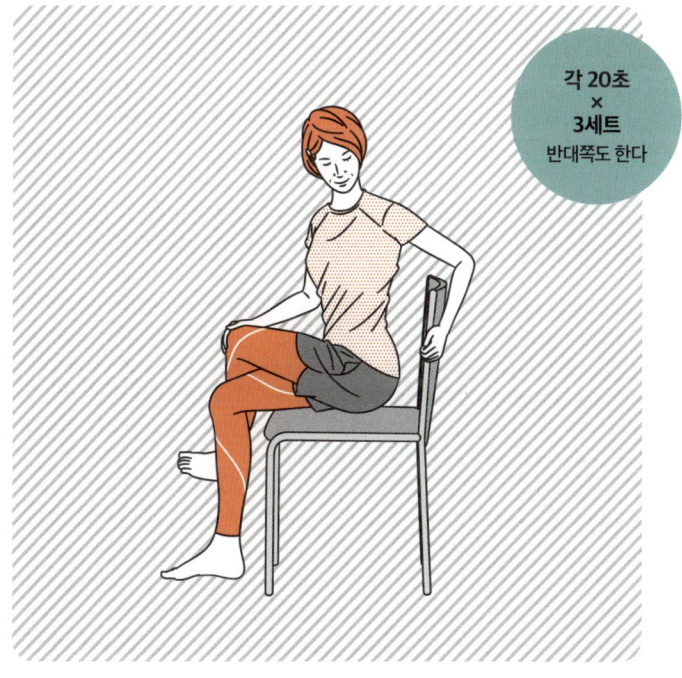

각 20초
×
3세트
반대쪽도 한다

왼쪽 옆 골반 스트레칭입니다. 의자에 깊숙이 걸터앉습니다. 왼쪽 다리를 오른쪽 다리에 올려놓습니다. 그런 다음 오른손으로 왼쪽 무릎 바깥쪽을 잡고 왼손으로 의자 등받이를 잡아 왼쪽 무릎을 오른쪽으로 끌어당기면서 몸을 왼쪽으로 비틉니다.

허벅지뒷근육

각 20초
×
3세트
반대쪽도 한다

• • •

왼쪽 허벅지 뒤와 장딴지 스트레칭입니다. 의자에 살짝 걸터앉습니다. 왼쪽 다리를 앞으로 보내 발꿈치를 바닥에 붙이고 양손으로 발부리를 잡습니다. 그런 다음 발부리를 조금씩 몸 쪽으로 끌어당깁니다. 왼쪽 무릎은 살짝 구부려두는 것이 포인트입니다.

엉덩관절모음근

각 20초
×
3세트
반대쪽도 한다

왼쪽 허벅지 안쪽 스트레칭입니다. 의자에 살짝 걸터앉습니다. 오른쪽 다리를 크게 벌리고 왼쪽 다리를 옆으로 뻗습니다. 왼쪽 발바닥 안쪽을 바닥에 붙인 채 몸을 오른쪽으로 비틉니다.

엉덩관절바깥돌림근

각 20초
×
3세트
반대쪽도 한다

● ● ●

오른쪽 엉덩이 안쪽 근육 스트레칭입니다. 의자에 걸터앉습니다. 오른쪽 다리를 왼쪽 다리 측면까지 가지고 가서 발바닥을 좌석에 붙입니다. 그런 다음 왼손으로 오른쪽 다리를 끌어안고 오른손으로는 좌석 옆을 잡습니다. 오른쪽 무릎을 가슴으로 끌어오면서 몸을 오른쪽으로 비틉니다.

장딴지세갈래근

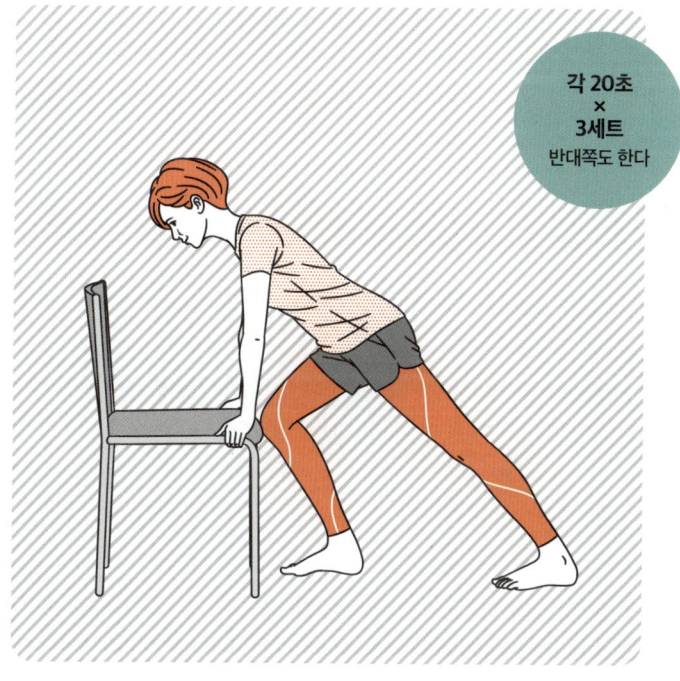

각 20초
×
3세트
반대쪽도 한다

• • •

뒷다리 장딴지 스트레칭입니다. 의자 앞에 서서 한쪽 다리를 뒤로 뻗습니다. 그런 다음 양손으로 좌석 옆을 잡고 뒷발의 발꿈치는 바닥에 붙인 채 상체를 앞으로 기울인 뒤 앞다리의 무릎을 좌석에 댑니다. 뒷다리의 무릎은 확실히 폅니다.

앞정강근

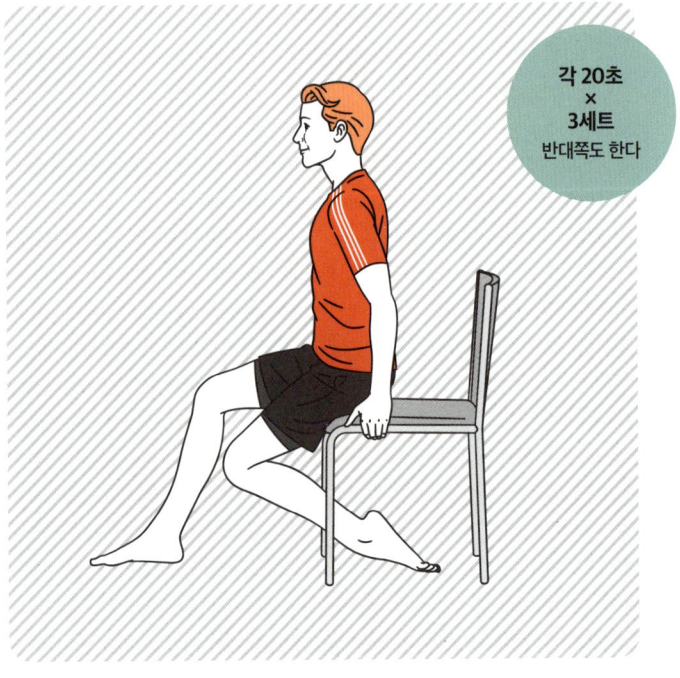

각 20초
×
3세트
반대쪽도 한다

• • •

왼쪽 정강이 스트레칭입니다. 의자에 살짝 걸터앉아 좌석 옆을 양손으로 잡습니다. 그런 다음 왼쪽 다리의 무릎을 구부리고 발등을 바닥에 붙인다는 느낌으로 발목을 늘입니다. 무릎을 바닥으로 가까이 대듯이 하는 것이 포인트입니다.

발바닥근

각 20초
×
3세트
반대쪽도 한다

왼쪽 발바닥근 스트레칭입니다. 의자에 앉습니다. 왼발을 뒤로 보내 까치발을 합니다. 그런 다음 위에서 가볍게 누르면서 왼쪽 발바닥을 스트레칭합니다.

쿨다운

마치며

이토 10km를 달릴 수 있게 되었을 때, 다음으로 무엇에 집중해야 할까. 그 질문에 대한 답이 '천상의 목소리'처럼 들렸습니다.

노화를 받아들여라, 같은 수용만 강요하지 않고 시선을 다른 목표로 돌려 힘내자는 제안이었으니까요.

오늘의 나는 어제의 나보다 나이를 먹었으니 유지하는 일이 곧 노력하는 일이다. 명언이 따로 없습니다.

나카노 50대에서 시니어 세대분들의 이야기를 들으며 느끼는 바는, 지금 자신에게 생기는 일이 이 세상 사람 대부분에게 일어나고 있다는 사실을 이해하고 받아들이는 것이 소중하다는 점입니다.

다른 이에게 일어나는 일을 나의 체험이나 실감으로 대입하면 노화나 퇴행이 나만의 몫이 아님을 알 수 있고, 성공을 체험하면 자기 효능감도 커지기 때문이죠.

나만은 젊고 나이를 먹지 않으리라고 과신하는 사람은 러닝도 월간 주행거리를 100km로 정했다면 그 100km를 이 악물고 해내려 들기 십상입니다. 하지만 나이가 들수록 체력이 떨어지기에 스스로 점점 힘에 부칩니다. 그런데도 목표 주행거리를 낮추는 것을 싫어합니다.

제가 바로 이런 상황을 목전에 두고 있었는데, 러닝 앱에서 월간 주행거리를 100km로 설정하고 나머지 10km 남짓이 남았다고 치면, 하루 만에 강행해서 달리려 합니다.

목표를 100에서 80으로 낮추어야 하는 어느 시기가 누구에게든 옵니다. 그때 의욕이 꺾여버리기 전에, 같은 10km라도 정확히 1시간에 달렸던 것을 70분으로 늦추는 등 **몸과 타협하면서 조절해가는 것이 필요**하다고 생각합니다.

처음에는 꼭 진 것만 같아 참을 수 없다고 생각하겠지만 1주나 2주간 해보면 그것이 자신의 기준이 되게 마련입니다. 그러고 나면 그것을 몇 년 정도 유지하겠다는 마음가짐으로 저절로 바뀌어갑니다.

한번 마음이 바뀌고 나면 아무렇지 않고, 새로운 자신이 새 목표를 달성하고 있다는 충족감도 이어갈 수 있지 않을까요?

이토 설문조사에 응한 67세 남성은 현재 목표로 마침 '10km를 가급적 오랜 기간 달리는 것'을 꼽았습니다.

풀코스 마라톤을 3시간 10분에 달렸던 경험이 있는 분인데 한 시점에서 목표를 전환했다는 뜻일 겁니다.

목표의 각도를 바꾼다는 말은 여러 가지 생각 가운데서 자신에게 맞는 목표를 세운다는 뜻일까요? 같은 10km가 목표이더라도 다치지 않는다, 심박수를 낮춘다 등등이죠. 그렇게 되면 10km를 달려서 체형을 유지하는 일을 목표로 힘쓸 수도 있겠네요.

나카노 다만 아무리 노력해도 체형 유지는 만만하지 않기 때문에, 언젠가 '나에게 실망'하는 일이 생길 수도 있습니다.

50대나 60대에 보디빌딩을 하는 분도 많은데, 하면 할수록 아무리 단련해도 20대와 같을 수는 없다는 사실을 실감하게 됩니다. 20대와 같아지려는 목표 자체를 내려놓고 지금 자신이 할 수 있는 영역 안에서 최선을 다해야겠죠.

안티에이징만 하더라도 **주름이나 기미를 모조리 걷어낼 수는 없**

습니다. 하지만 그것이 실패가 아니거니와 나이에 걸맞게 살아가는 사람이 근사하다고 생각하지 않나요?

이토 사람은 좀처럼 노화를 막는 것이 힘들다는 걸 알기에 옷차림도 라이프스타일도 자꾸만 젊어 보이려고 하기 쉽습니다. 러닝도 무리하지 않으려면 젊음에 연연하지 않는 것이 중요하죠.

러닝은 내면에 켜켜이 쌓은 자신감이 있다면 늙지 않는다는 것을 알려주는 열쇠라고도 할 수 있겠습니다.

나카노 60대나 70대에 매력적으로 느껴지는 여성 중에는 자연스럽게 나이 든 사람이 많죠. 여성이 남성을 볼 때도 마찬가지일 테고, **근사해 보인다는 것은 '목표를 향해 노력한다', '무엇인가를 꾸준히 한다'라는 자신감에서** 비롯되는 요소인지도 모릅니다.

이토 오래도록 꾸준히 달리려면 다른 운동 경기도 받아들이면서 과하게 달리지 말 것. 그 또한 고개를 끄덕였습니다.

한 가지에 몰두하는 일이 값지다는 것과 더불어, 여러 운동을 자기 몸에 익혀가는 일은 곧 더 넓은 범위의 관계로 이어지고, 결과적으로 더 넓은 범위의 사람들과 이어진다는 깨달음도 얻었습니다.

자, 마지막 질문입니다. 나카노 씨는 10년 후, 어떤 달리기를 하고 있을까요?

나카노 60대에 러닝만 계속하지는 않을 것 같습니다. 트레이닝이 주를 이루는 지금의 업무 사이클이 어떻게 바뀔지 잘 모르겠지만, 요가처럼 정신 수양이 되는 운동을 할 수도 있고, 수영장에 들어가 있을 수도 있겠네요.

현재 제 고객 중에는 러닝과 테니스를 하는 분도 있는데, 테니스와 같은 구기 종목을 해도 괜찮겠군요. 그저 달리거나 헤엄치는 운동뿐만 아니라 경기나 게임 성격을 띠는 운동도 재미있을 듯하니 그런 식으로 조화로운 트레이닝을 하고 있을 것 같습니다.

테니스를 하려고 해도 체력이 약하면 불가능합니다. 달리는 덕분에 테니스를 장시간 칠 수 있다는 면도 있을 테죠.

스포츠를 즐기는 생활 속에 러닝이 있다.

그런 60대이고 싶습니다.

미주

1 한국인 연간 러닝 경험률(갤럽 조사)은 2021년: 23% 2023년: 32%(남성 36%, 여성 27%, 10대 38%, 60대 이상 27%)로 나타났다. 2024년 조사 기준 러닝 인구: 대략 150만 명 이상/스포츠업계에서는 500만 명으로 추산하고 있다.

2 일본에서 1990년대 후반~2000년대 초반 취업 빙하기에 대학 시절을 보낸 현 40~50대 초반을 일컫는 말.

3 한국 기준으로 바꾼다면 보건복지부가 제공하는 '한국인을 위한 신체활동 지침서(2023 개정판)'를 참고할 수 있을 듯합니다.
* 성인(지침서 4쪽, 18쪽 참고)
① 중강도 유산소 신체활동을 일주일에 150~300분 또는 고강도 유산소 운동을 일주일에 75~100분 해야 한다.
② 근력 운동을 일주일에 2일 이상 해야 한다.
→ 한국 성인 4명 중 1명만 일주일에 2일 이상 근력 운동을 하고 있다.
→ 한국 성인의 17.6%만 유산소 신체활동 및 근력 운동 지침을 모두 준수한다.
* 노인(지침서 4쪽, 20쪽 참고)
① 중강도 유산소 신체활동을 일주일에 150~300분 또는 고강도 유산소 운동을 75~100분 해야 한다.
② 근력 운동을 일주일에 2일 이상 해야 한다.
③ 평형성 운동을 일주일에 3일 이상 해야 한다.
→ 우리나라 노인 3명 중 2명은 유산소 신체활동 지침을 준수하지 않는다.
→ 우리나라 노인 5명 중 4명은 근력 운동 지침을 준수하지 않는다.

4 한국인 기준은 다음과 같습니다. 방송통신위원회의 스마트폰·PC 이용 행태 조사(2024년 4월)에 따르면 한국인 하루 평균 이용 시간은 5시간 이상'

5 세계 기준은 다음과 같습니다.
'전 세계 인구 13명 중 1명꼴로 만성 요통을 겪고 있으며 환자 수는 갈수록 증가하고 있다고 세계보건기구(WHO)가 밝혔다'

6 한국 가이드라인은 〈한국인을 위한 식생활 지침〉(2021)이 있습니다(지침서 2쪽).

7 한국 가이드라인은 다음과 같습니다.
   * 대한고혈압학회〉 고혈압 자가 관리
   1. 체중 감소
   2. 운동요법(주 3회, 30분 속보 운동)
   3. 식이요법(저염식, 칼륨 칼슘 섭취, 지방 섭취 감소)

8 한국 기준은 다음을 참고할 수 있을 듯합니다.
   ① 질병관리청이 제안하는 운동 횟수 및 시간
   (성인 및 노인에게 모두 적용됨)
   - 중강도 유산소 운동: 일주일에 150분 or 고강도 유산소 운동: 일주일에 75분
   - 주 2회 이상 중증도 근력 강화 운동
   ② 세계보건기구, 미국심장협회, 미국질병예방센터 공통 권장 운동량
   - 일주일에 150분 이상 유산소 운동을 할 것(하루 30분이면 일주일에 5회, 하루 1시간이면 일주일에 3회, 전문가들은 이틀에 한 번은 유산소 운동 하라고 추천)
   - '고강도 운동의 권장 시간은 일주일에 75분 이상. 백팩 메고 등산하기, 달리기, 수영, 단식 테니스, 빠르게 자전거 타기(시속 16km 이상)이 고강도 운동에 속한다.'

9 질병관리청+한국영양학회가 제안하는 한국인 채소 과일 섭취 권장량은 다음과 같습니다.
   ① '세계보건기구의 채소 과일 1일 섭취 권장 기준은 400g이지만, 우리나라는 1일 평균 김치 섭취량을 고려해 질병관리청에서 채소 과일 섭취량 합을 하루 500g 이상으로 설정했음.
   ② 채소 매끼 주먹 크기, 과일 매일 주먹 크기로 챙겨 먹기.

50이후
시작하는
러닝의 모든 것

초판 발행 · 2025년 10월 22일

지은이 · 나카노 제임스 슈이치, 이토 다케히코
옮긴이 · 김소희
발행인 · 이종원
발행처 · (주)도서출판 길벗
출판사 등록일 · 1990년 12월 24일
주소 · 서울시 마포구 월드컵로 10길 56(서교동)
대표 전화 · 02)332-0931 | **팩스** · 02)323-0586
홈페이지 · www.gilbut.co.kr | **이메일** · gilbut@gilbut.co.kr

편집 팀장 · 민보람 | **기획 및 책임편집** · 서랑례 (rangrye@gilbut.co.kr)
제작 · 이준호, 손일순 | **마케팅** · 정경원, 김진영, 박민주, 류효정 | **유통혁신** · 한준희 | **영업관리** · 김명자
독자지원 · 윤정아
디자인 · 곰곰사무소 | **교정교열** · 이정현 | **CTP 출력 · 인쇄 · 제본** · 상지사

· 이 책은 저작권법의 보호를 받는 저작물로 이 책에 실린 모든 내용, 디자인, 이미지, 편집 구성은 허락 없이 복제하거나
  다른 매체에 옮겨 실을 수 없습니다.
· 인공지능(AI) 기술 또는 시스템을 훈련하기 위해 이 책의 전체 내용은 물론 일부 문장도 사용하는 것을 금지합니다.
· 잘못 만든 책은 구입한 서점에서 바꿔드립니다.

ISBN 979-11-407-1576-3 (03510)
(길벗 도서번호 020269)

정가 18,000원

독자의 1초까지 아껴주는 정성 길벗출판사

(주)도서출판 길벗 · IT단행본&교재, 성인어학, 교과서, 수험서, 경제경영, 교양, 자녀교육, 취미실용 www.gilbut.co.kr
길벗스쿨 · 국어학습, 수학학습, 주니어어학, 어린이단행본, 학습단행본 www.gilbutschool.co.kr